师范生职业生涯规划

张庆祝 ◎ 主编

中国纺织出版社有限公司

内 容 提 要

教师被赋予了"传道、授业、解惑"的使命，他们应该成为引导人们认识自我，开启追寻人生意义的启蒙者。师范生是未来教师队伍最主要的后备军，他们应该更早"认识自己"，并为追求以教师为职业的"生涯规划"，做好知识、能力、素养等各方面的准备。本书结合师范生的专业成长过程，以认识职业、认识自我、学会规划为主线，做了理论的研究和发展路径的指导。师范生的专业成长不仅需要专业知识的启迪，更需要通用能力的训练与提升，本书针对教师发展所需要的良好心态、沟通、学习、合作、时间管理、创新六个方面的能力做了介绍，并从方便学习、易于训练的角度提供了策略性的指引。

图书在版编目（CIP）数据

师范生职业生涯规划 / 张庆祝主编 . -- 北京：中国纺织出版社有限公司, 2025.4. -- ISBN 978-7-5229-2552-3

Ⅰ . G657.38

中国国家版本馆CIP数据核字第2025FD6174号

责任编辑：刘桐妍　　责任校对：王蕙莹　　责任印制：储志伟

中国纺织出版社有限公司出版发行
地址：北京市朝阳区百子湾东里A407号楼　邮政编码：100124
销售电话：010—67004422　传真：010—87155801
http://www.c-textilep.com
中国纺织出版社天猫旗舰店
官方微博 http://weibo.com/2119887771
鸿博睿特（天津）印刷科技有限公司印刷　各地新华书店经销
2025年4月第1版第1次印刷
开本：710×1000　1/16　印张：15
字数：206千字　定价：68.00元

凡购本书，如有缺页、倒页、脱页，由本社图书营销中心调换

前言

PREFACE

百年大计，教育为本。教育大计，教师为本。师范教育是培养教师的重要渠道，师范毕业生是中小学教师队伍的主要来源，师范类专业办学水平直接决定中小学教师队伍整体水平。

十九届中央全面深化改革领导小组第一次会议通过的第一个教育文件就是《全面深化新时代教师队伍建设改革的意见》（以下简称《意见》）。《意见》要求全面贯彻党的教育方针，坚持社会主义办学方向，遵循教育规律和教师成长发展规律，全面提升教师素质能力，深入推进教师管理体制机制改革，形成优秀人才争相从教、教师人人尽展其才、好教师不断涌现的良好局面。因此，关注师范教育，探索师范生职业发展就是在关注我国教育改革的基础问题。

2007年教育部颁发了《大学生职业发展与就业指导课程教学要求》（教高厅〔2007〕7号）的通知，并附《大学生职业发展与就业指导课程教学要求》。通知从高度重视，切实加强领导；明确列入教学计划，并作为公共课贯穿学生入学到毕业的整个培养过程；加强师资队伍建设和就业指导教师培训；改进教学内容和方法、有效激发学生学习的主动性和参与性；落实经费保障、保证课程开发研究和教师培训的经费等方面对大学生职业发展类课程建设做了比较全面的规定。可以说，随着《大学生职业发展与就业指导课程教学要求》的颁布，我国高校的职业发展教育进入发展的快车道。随着十多年的发展，职业发展类课程从无到有，从自发到自觉，无论是建设数量还是建设质量都有了长足的发展。进入新时代，随着就业环境的变化、学生自我发展意识的增强，对职业发展类课程的要求也越来越高。高校期待具有行业属性的职业发展类课程建设，学生盼望职业发展类课程融入新理念、新内涵。我们从师范生职业发展课程建设入手，将职业生涯发展的普遍理论与教师培养的特殊要求相结合，在推进职业生涯规划教育向纵深发展，推进师范教育向更加专业性发展方面做了新的尝试，以期能够适应职业发展课程建设的新要求，以期满足新时代对教师教育的新需要。

在古希腊德尔斐神庙上镌刻着一句意味深长的格言："人啊，认识你自己！"当苏格拉底（Socrates，前469—前399）看到这句格言后，他说这才是人生的至理名言，才是哲学的最高任务。英国哲学家、社会学家和教育家斯宾塞在《教育论》（1861）中提出了"什么知识最有价值"的哲思，他认为教育是要为"完满的生活"做准备。教师被赋予了"传道、授业、解惑"的历史使命，他们应该成为引导人们认识自我，开启人生意义追寻的启蒙者。师范生是未来教师最主要的后备军，他们应该更早"认识自己"，并为追求以教师为职业的"完满的生活"，做好知识、能力、素养等各方面的准备。本书就是本着这样的初心，以认识职业、认识自我、学会规划为主线，结合师范生的专业成长，做了理论的研究和发展路径的指导。为了更好地服务师范生的职业生涯发展，本书针对发展所需要的良好心态、沟通、学习、合作、时间管理、创新六个方面的通用能力做了介绍，并从方便学习、易于训练的角度提供了策略性的指引。

本书可作为师范生、教育硕士等相关学生《职业生涯规划》课程的教材，也可作为师范新生《专业教育导论》的参考资料使用。

本书由张庆祝副教授任主编，各章参与编著的作者如下：第一章：张庆祝；第二章：张庆祝、李旭（辽宁省就业和人才服务中心）；第三章：张庆祝、朱映霓；第四章：丁芳盛；第五章：韩佳益；第六章：张英楠；第七章：朱映霓；第八章：张英楠；第九章：韩佳益。全书由张庆祝统稿。

本书是浙江省哲学社会科学（高校思政工作专项）规划课题《全媒体时代中外经典教育电影在师范生思政课程建设中的价值研究》（项目号：25GXSZ019YB）；浙江省高等教育"十四五"第二批教学改革项目《立德树人、多元整合："1+X"卓越班级管理人才培养模式创新与实践》（项目号：

JGBA2024257）；2024年浙江省本科教师教育教学建设项目《"四维一体"师范生职业发展课程体系的构建和实践研究》；浙江海洋大学研究生质量提升工程项目《师范生职业生涯规划课程体系的构建和实践研究》的研究成果之一。

本书在编写过程中得到了全国就指委职业生涯教育与就业指导专家组副组长、教育部高校毕业生就业研究院专家委员会委员、中国高等教育学会创新创业教育分会副理事长、沈阳师范大学原副校长刘铸研究员和浙江海洋大学宋秋前教授的大力支持和帮助。在此，本书全体编写者向他们表示衷心的感谢。

本书在编写过程中，参阅和引用了大量相关的研究成果，在此谨向有关作者表示诚挚的谢意。

由于我们水平所限，书中会有不足之处，诚望广大读者批评、指正。

张庆祝

2024年9月10日

目 录
CONTENTS

第一章　教师职业概述 ·· 001
　　第一节　专业与职业 ·· 002
　　第二节　教师职业概况 ··· 007

第二章　职业生涯规划 ·· 023
　　第一节　认识职业生涯规划 ·· 023
　　第二节　自我认知的维度与方法 ··· 033
　　第三节　职业测评 ··· 044

第三章　职业生涯规划的实施 ·· 063
　　第一节　生涯规划的基本方法 ·· 063
　　第二节　大学生涯发展规划的制订 ·· 067
　　第三节　教师生涯发展指南 ·· 079

第四章　学会拥有积极心态 ·· 091
　　第一节　什么是积极心态 ··· 091
　　第二节　如何培养积极心态 ·· 094
　　第三节　师范生如何培养积极心态 ·· 099

第五章　学会有效沟通 ·· 107
　　第一节　什么是沟通 ·· 107
　　第二节　如何提高个人沟通能力 ··· 112
　　第三节　师范生如何提高沟通能力 ·· 116

第六章　提高学习能力 …… 123

第一节　什么是学习能力 …… 123
第二节　如何做善于学习的人 …… 125
第三节　师范生如何提高学习能力 …… 132

第七章　培养合作能力 …… 139

第一节　什么是合作能力 …… 139
第二节　如何提升合作能力 …… 142
第三节　师范生如何培养合作能力 …… 147

第八章　科学管理时间 …… 153

第一节　什么是时间管理 …… 153
第二节　如何进行时间管理 …… 155
第三节　师范生如何提高时间管理能力 …… 162

第九章　培养创新能力 …… 171

第一节　什么是创新能力 …… 171
第二节　如何培养创新能力 …… 174
第三节　师范生如何提高创新能力 …… 177

参考文献 …… 187

附录 …… 191

附录一　学前教育专业师范生教师职业能力标准（试行） …… 191
附录二　小学教育专业师范生教师职业能力标准（试行） …… 197
附录三　中学教育专业师范生教师职业能力标准（试行） …… 205
附录四　中等职业教育专业师范生教师职业能力标准（试行） …… 212
附录五　特殊教育专业师范生教师职业能力标准（试行） …… 220

第一章

教师职业概述

> **学习目标**
> - 了解职业与专业的关系。
> - 知道教师职业的历史与发展。
> - 了解教师应具备的知识与能力。

当同学们经过十多年的寒窗苦读来到大学,期待的是什么?当同学们选择了学习的专业意味着什么?大学和中学、小学有怎样的区别?想要做教师的学生需要具备怎样的素质?

当同学们逐渐展开大学的画卷,才发现一切过往皆是序章,真正有关职业理想的故事才刚开始。大学与中学、小学的根本区别就在于大学是培养高层次专业人才的地方。选择了一个专业就对应着一类职业,对于广大的师范生同学而言,在踏进师范专业的门槛时,就正式开启了努力成为一名合格教师的征程。关于教师的职业,既熟悉又陌生:熟悉的是一路的学生生涯,都有各级的教师相伴,通过他们,建立了关于教师的感性认识;陌生的是很少从职业的视角去对教师职业进行理性的思考,对于教师的发展历史、教师需要具备的知识能力、新时代对教师的期待感到茫然而陌生。本章将从职业与专业的关系开始谈起,并对教师职业的历史与发展、教师素质能力的要求、师范生如何尽快适应大学的学习,开启职业发展之路进行概括性的介绍。

第一节　专业与职业

一、职业的含义、特性和功能

（一）职业的含义

职业就是指人们从事的有收入的、分门类别的、相对稳定的社会劳动。职业是个体所处的社会地位和社会职责赋予的责任、权利的综合表现，同时也是人们的思想情操、行为模式、收入状况、生活样式、社会交往的综合反映。

（二）职业的特性

与其他社会活动相比，职业活动具有社会性和时代性、专业性和规范性、收益性和稳定性、知识性和技能性、丰富性和层次性等特性。

1. 社会性和时代性

职业是随着社会生产力的发展促进生产分工细化的结果，是个体连接社会，维持社会稳序发展的重要基础。它对主体的要求，服务客体的变化，都受到社会经济、政治、科技、文化等因素的影响，特别是社会制度和产业政策的变迁，对职业产生极为深远的影响。随着社会的进步、经济的发展，一些职业消亡，一些职业崛起。职业的社会认可也随着社会的发展变化体现出鲜明的时代特征。我国解放初期呈现的"工人热"、改革开放初期的"商人热"，乃至现在出现的"教师热"，都是时代浪潮里，人们对职业所代表的社会地位和社会身份的再认识，体现着各个时期人们对不同职业的向往程度。需要注意的是，相同的职业在不同的时代也会有不同的内容和形式，进入新时代，我们提出了建设"专业化""高素质""创新型"的教师队伍的目标要求。

2. 专业性和规范性

职业是人们从事的专门业务。个体要从事某一种职业，就必须具备这一职业的专门知识、能力和遵从特定的职业道德要求，如教师需要持各级各类《教师资格证》上岗，就是对专业性要求的体现。随着社会的发展、科技的进步，劳动的专业化程度越来越高，职业的专业性越来越强。一些新兴的谋生活动只有符合国家的法律规定和社会伦理道德准则，并制定内部的规范制度要求，才有可能称为职业。

3. 收益性和稳定性

职业收益是维持个体和家庭的生存与发展的重要基础。个体在符合职业要求、从事职业工作、创造社会价值的同时，一定要参与生产价值的分配，获取必要的工作报酬，报酬收益的多少一定程度上也是职业价值的客观体现。在一定时期，职业的工作内容和形式具有相对的稳定性，为了维持正常的生产生活秩序，用人单位与劳动者都会通过一定的法律形式确定相对稳定的工作周期，从而保证劳动者有主动提高工作能力，不断提高工作水平的主观愿望，这种法律的保障保证了职业的相对稳定性，为劳动者持续的职业发展提供了时间的支持。收益性和稳定性既相辅相成，有时又是职业选择的两个矛盾方面。一般看，具有较高的收益性和稳定性的工作是人们普遍向往的工作，但有时又是鱼和熊掌不可兼得。直接从事生产的企业如果市场发展好，就会有着较高的收益，但是由于受到经济周期的直接影响，如果生产服务得不到市场的认可，很可能破产消失，稳定性受到极大影响，相反，一些事业部门收益中等，但由于不直接参与生产，较小受到经济周期的影响，具有较高的稳定性。如何看待职业的收益性和稳定性的关系，也是职业选择的一个重要课题。

4. 丰富性和层次性

职业的丰富性体现在其涵盖的领域与涉及的范围，与人类社会生产和生活相关的各个方面，都会有职业的影子。随着社会的发展，职业的分化和细化更加明显，职业的种类变得更加丰富。不同的职业岗位对劳动者素质有着不同的要求，对求职者的知识结构、能力结构、价值趋向有着多样的考核和评价，为不同的求职者求职成功提供了可能。职业的层次性包括各类职业间的层次和各个职业类型内部的层次。只要符合社会的需求发展，职业是没有高低贵贱之分的，但是实际生活中由于对职业能力的要求不同以及人们对职业的声誉或舆论导向不同，职业便有了层次之分。职业层次往往是由不同职业中职业入职门槛、收益的高低、工作任务的繁复程度、社会声望和社会地位的高低等因素决定的。如教育领域内部就有从事教育政策制定与执行的教育管理者和教育实践的广大教师，教师又有初级、中级、高级等不同的层级。

二、专业的概念及专业设置

所谓专业是指高等学校和中等专业学校根据学科分工或生产部门的分工把学业分成的门类。它是从学习和培养的角度按学科与技术来划分的。

（一）专业的含义

从广义的角度看，专业即某种职业不同于其他职业的一些特定的劳动特点。因此，任何一种职业都是一种专业，都有其他任何职业无法替代的某种特质。可以说，世界上有多少种职业，就有多少种广义的专业，有多少种职业劳动者就有多少种广义的专业劳动人员。狭义的专业，主要指某些特定的社会职业。这些职业从事的是比较高级、复杂、专门化程度较高的脑力劳动，因而也是必须经过专门教育训练获得较高专门知识和能力才能胜任的劳动。一般人所理解的专业，大多就是指这类特定的职业，而所谓专业人员，也就是指掌握了某一方面的专门知识和技能，能够胜任这类特定职业的人。所谓特指的专业，即高等学校中的专业。它是依据确定的培养目标设置于高等学校（及相应的教育机构）的基本教育单位或教育基本组织形式。

（二）中国高校的专业设置

中国高校的专业设置有一个不断完善的过程。2023年4月6日教育部公布了关于2022年度普通高等学校本科专业备案和审批结果的通知，该通知在《普通高等学校本科专业目录（2012年）》基础上，增补近年来批准增设、列入目录的新专业。分别是哲学、经济学、法学、教育学、文学、历史学、理学、工学、农学、医学、管理学、艺术学12个一级学科门类；每个学科门类下具体划分了若干个二级门类；而二级门类又包含了若干个专业，例如：经济学学科下有4个二级门类以及30个专业。

专业主要按学科划分，对一些必须按工程对象或业务对象划分的应用科学技术类专业，均要求有明确的主干学科或主要学科基础，确定的专业范围，既使培养的人才具有较强的适应性，又在本科学制内完成合格人才的培养。

1. 专业设置是人才培养的基础

目前，我国大学的人才培养依然是按照不同的专业设置来划分。大学生按照不同专业的培养方案，修完规定的课程，获得符合要求的学分，完成专业学习计划规定的学习任务，通过必要的评价考核，才能成为某个专业合格的毕业生，从而获得进入职场寻找工作岗位的资格。专业设置是以学科的划分为基础，强调的是支撑专业的知识和能力，专业有时和职业有着紧密的对应关系，有时专业和职业又有着巨大的差距。就业形势发展的新背景要求大学要根据经济社会发展的新要求，动态调整专业设置、人才培养方案；要求大学生要掌握坚实的专业基础，又要具备广博的通识能力，才可能在人才市场中找到一席之地。

2. 专业的设置受到社会需求发展变化的影响

专业的设置基础是学科的建设情况，但同时也受到经济社会的发展影响。各级各类高层次人才需要不同的专业来培养，而人才的规格和标准则受到社会发展的影响，从而倒推专业的调整完善。不同的社会发展时期，对各个专业的需求也不同。由于人才培养周期较长，大学需要建立必要的专业调整机制及早地预警不同专业的发展，自觉地做好动态的专业调整；国家相关政府部门要把各专业的就业情况与招生数量相联动，通过招生指标、生均拨款等行政、经济手段调增一些社会长期需求量大、就业质量高的专业的招生数量，限制某些社会需求过剩、就业质量差的专业的招生规模。高等教育进入普及化阶段后，专业和职业的联动关系变得越来越重要，大学生在选择专业、报考专业、辅修专业的时候也要更加重视经济社会的发展变化趋势。

三、职业与专业的关系

（一）职业与专业的联系

专业相对于学科，而职业则是所从事的工作，一个专业对应很多职业，而每一种职业又有许多不同的岗位，因而这里就涉及针对性与适应性问题。从理论上说，教育部专业目录的修订一定是充分参考了基于经济社会发展而带来的职业变化的结果，力求取得专业设置与职业岗位动态的平衡。但是，职业的快速更新和变化，使得专业的设定还难以实现同步的变换。正是专业与职业的这种关系，给专业内的课程组合带来了复杂性和困难性，以至于引发种种争论，解决的主要方式一方面是推进人才的大类培养，提高适应性，另一方面就是加强职业发展教育，使个体能够更好地寻求职业的针对性。随着工业社会向知识社会的转型，人们所从事的主要生产活动表现为知识型。从广义上说，社会人口结构主要由知识分子构成。由于工作不断变化，更需要一专多能；由于观念不断更新，就无所谓的"一劳永逸"；由于职业不断变更，就难有"从一而终"，此时职业地位和报酬的高低与人们受教育程度密切相关，高学历者必然会占有明显优势。

职业的发展是"长跑"而不是"短跑"，学习什么专业，是整个比赛的起步跑。大量职场发展的案例证明，个体无论是由于主动或盲从而选择了某一专业，都不能保证未来一定是从事与所学专业完全一致的工作。特别是在当前就业形势复杂严峻、就业市场竞争异常激烈的背景下，虽然学习了某一个专业，掌握了某一方面（工种）的知识和技能，也获得了毕业证书和专业技能等级证书，但并不意味着就可以找到专业对口且满意的工作。

（二）争取专业对口

"专业对口"，就是学以致用，争取所学专业和从事的职业之间有着比较紧密的联系，首先是本专业所属的工作，其次是和专业相关相近的职业。为了

"专业对口",一方面需要大学生在选择专业的时候充分考虑自己的特点和社会资源,选择自己擅长热爱的专业;另一方面大学生要在专业的学习上把握好宽与深的关系:围绕与专业相关的职业岗位要求,练好基本功,注重广博性,同时要有意识地围绕职业长远发展,寻找确定一到两个核心本领学深练透,从而作为择业的"杀手锏"。强调专业对口,一方面有利于大学生获得自我成就感,专业对口的大学生可以在工作中适应更快,更容易脱颖而出,获得事业上的成功;另一方面有利于避免资源浪费,三年或四年的专业学习,工作时却是学非所用,还要重新培训学习,这将造成巨大的人力资源浪费。为了更好就业,大学生在注重专业学习的同时,要注意综合素质的培养训练,越来越多的职业岗位既强调专业素养,也关注综合素质。

第二节 教师职业概况

一、教师职业的发展演变

教师的职业性是伴随着学校的产生、发展而增强的,它的产生与发展是与人类社会文明史的产生和发展息息相关的。由于它所肩负的创造和传承人类文明的重要使命,因而它成为为数不多的历史悠久而又常变常新的职业之一。

(一)教师职业的发展过程

1. 教师职业萌芽期

生产生活经验的传承是种族延续的基础。远古时期,人类刚刚脱离动物界之后,还完全处于"自然的环境"之中,生活条件极其低下。为了生存发展,人们必须认识自然、改造自然,进行物质生活资料的生产,因此必然要求人们学会认识自然和征服自然的本领,可以较好地处理人与自然的关系。在物质资料生产过程中，人与人之间又必然要发生一定的社会联系，这就要求人们还要具有认识社会的能力，以正确处理人们之间的各种社会关系。于是，在共同进行相互协作的劳动中，一些氏族、部落的首领，具有生产经验的老人、能人和妇女，为了种族的延续发展，便有意识、有步骤地把生产知识、生活经验、风俗习惯、行为准则等传授给年轻一代，教授他们制造、使用劳动工具的方法与技能，传授他们生活的方式方法以及处理相互关系的传统习俗。这就是人类早期的教育活动。那些参加生产实践活动时间较长、活动空间较大、生产知识和生活经验比较丰富的老年人、能人和妇女，就扮演了"教师"的角色。

　　生产力的大力发展，脑力劳动者与体力劳动者的分工，为具有职业属性的"教师"的产生提供了充分条件。生产力的发展一方面加大了生产生活经验传授学习的复杂性，另一方面为专门提供经验传承的人提供了多余的劳动产品，教师职业出现的必要性和可行性都具备了。而随着社会分工的发展，脑力劳动者与体力劳动者出现了分化，教师的工作变得独立而有了一定的专业性。人类社会已经进行了三次社会大分工。第一次是农业和畜牧业的分工。第二次是手工业从农业中分离出来，商业、服务业兴起。第三次是脑力劳动与体力劳动的分离。教育者的教学活动尽管既是繁重的体力劳动，又是复杂的脑力劳动，但主要还是以脑力劳动的形式出现。脑力劳动为主的特点也使得教师职业从诞生起便与统治阶级有了不可分割的联系。无论是中国古代的"官师一体"，还是西方古代的"僧师合一"（教士与教师一体）都体现着古代教师职业固有的政治属性。在中国，最早的"教师"由一部分官吏兼任，在宫廷和官府举办的官学中从事教育工作；在中世纪的欧洲，最早的"教师"是由僧侣、神父、牧师兼任，服务于教会学校和贵族阶级。真正打破这种教育垄断的是春秋时期的孔子，他主张"有教无类"，在中国第一个办起了"私学"，为平民百姓提供教育。无论是统治阶级子弟，还是平民百姓的子女，只要向他缴纳一定的报酬，都可以被收学为徒。从某种意义上说，他也是历史上最著名的以教为业的人之一。至此，教师这个岗位已经生出了职业意味的萌芽。

2. 教师职业发展期

教师职业历史发展的进程与科学技术的发展紧密相连。日益增加的生产难度意味着对新的生产者素质要求的提高，科学技术带来的经济社会繁荣也为教师职业的发展提供了较充足的物质基础，并催生了新的精神需要。伴随着第一次工业革命的爆发，在欧洲，教师职业进入蓬勃发展期。生产力的发展要求普及初等义务教育，建立现代学校制度，教师以一种独立的形态逐渐与教会和宗教相脱离，成为一种世俗化的职业。教育摆脱了宗教的控制，成为一个相对独立于宗教的社会子系统，从事教育活动的教师逐步由宗教人员担任的圣职成为一种具有谋生职能的世俗职业。教师的专业化也获得了长足发展：在康德、赫尔巴特、裴斯泰洛齐等教育家的积极推动下，教育学发展成为了一门独立的科学。教师的教学具有了较系统的知识和技能指导，教师需要掌握和操作这些"科学的"教育教学模式、使用专业的方法和技术，进行着科学知识的传授，并把控好整个教学的过程。但是，这种专业化是有局限的，教师的专业训练时间、教师的专业自主权以及专业组织的建设都还不能与医生、律师相提并论，教师职业还只是"半专业化"的存在。也因此，在相当长的时间里，教师职业无论在学术地位还是社会地位上，都比不上医生、律师等专业人员，在收入方面更低于一些专业化程度较高的行业。

3. 教师职业专业化期

教师职业真正进入专业化时期是始于第三次以信息技术为特征的工业革命，以信息技术为代表的科学技术对经济发展的支撑，使得各国对传授知识技能的教育的依赖性越来越强，纷纷将教育作为国民经济中具有战略地位和作用的基础产业。基础教育的普及、高等教育进入大众化阶段，以及终身教育的兴起，使教育已不再是某些专属人才的特权或某一特定年龄段的规定活动，而是成为包括整个社会和个体终身的需要。1966年国际劳工组织和联合国教科文组织在《关于教师地位的建议》中，提出"应把教育工作视为专门的职业"。由此开始，国际组织和各国政府纷纷在理论、政策和法律上确立教师职业的专业性。教师专业化成为许多国家提高教师质量和职业地位的共同目标和措施。随着科技进步和社会的进一步发展,知识经济的兴起,各国又进行新一轮的教育改革,并将教育置于国家发展与安全、国际竞争与合作的战略高度。1983年美国发表题为《国家在危急中——教育改革势在必行》的报告;英国颁布了《1988年教育改革法》,规定了全国统一开设和考试的科目;法国于1989年颁布《教育方向指导法》;1985—1987年日本"临教省"先后公布4份关于教育改革的咨询报告,启动日本第三次教育改革。面对日益临近的学习化社会,世界各国教育改革和发展越来越凸显出教师的重要地位,教师成为教育改革和发展成败的关键人物。教师的角色和作用也发生了深刻的历史转变,教师职业真正成为一种专业化且愈加重要的工作。

(二)教师职业的发展趋势

知识经济的纵深发展,智能时代的来临,一方面将对教师专业化提出更高的要求,另一方面也将不断拓宽教师专业的范畴,促使教师角色发生新的转变。知识经济强化了教师的固有职责。教师所从事的教育工作、所传播的知识和价值观,日益成为社会发展和个体生存发展极为重要的资源和条件。学历升级、终身学习,这些教育的考验和变革都将对教师职业专业化提出迫切期待和更高要求。同时,也为教师职业专业化提供和创造了越来越充分、有利的条件。在智能时代,教师不仅要承担"传道、授业、解惑"的重任,更要学会塑造学生品格、掌握情感交流的能力,并能善于整合校内外资源和课程开发。

面对教师职业的未来变化,教师职业只有不断提高专业化建设的水平,才能适应面向未来教育的需要。推进教师职业专业建设,要把握教师职业教书育人的本质属性,因此,教师专业化是围绕由"教什么"与"怎样教""教书"与"育人"两方面的知识、能力和素养等核心问题来建构的。教师职业的专业化程度有着特定的专业指标体系。根据国内外教师专业化的理论和实践,有研究者将教师职业的专业标准概括为以下几个方面:

(1)专业知识。包括普通文化知识、学科专业知识、教育专业知识以及教育工作方面的专业能力;

（2）专业道德：服务社会的教育信念、从事教育专业活动的伦理规范和专业精神；

（3）专业训练：长时间的系统专业职业训练，拥有不断进修学习的机会；

（4）专业发展：通过职前教育、入职教育和在职教育，在实践和反思中实现不断地专业成长和提升；

（5）专业自主：拥有相当程度的专业自主权；

（6）专业组织：以提高教师的政治、经济和专业地位，维护教师职业的权利、利益，促进教师的相互交流和合作，监控教师的专业行为以保障社会的利益、维护教师的职业形象和声誉、提高教师专业水准、促进教师的专业发展。

目前来看，运用这些专业标准来衡量和评价，教师职业已经具有一定程度的专业性，随着社会发展和教育发展，教师职业势必朝着更加专业化的方向不断发展和提升。

二、教师的职业要求

（一）教师职业标准

职业标准，是国家职业技能标准的简称，是在职业分类的基础上，根据职业活动内容，对从业人员的理论知识和技能要求提出的综合性水平规定，包括职业概况、基本要求、工作要求和比重表四个部分，其中工作要求为国家职业技能标准的主体部分。职业概况是对本职业的基本情况的描述，包括职业名称、职业定义、职业等级、职业环境条件、职业能力特征、培训要求、鉴定要求等内容。基本要求包括职业道德和基础知识，其中职业道德是指从事本职业工作应具备的基本观念、意识、品质和行为的要求，一般包括职业道德知识、职业态度、行为规范；基础知识是指本职业各等级从业人员都必须掌握的通用基础知识，主要是与本职业密切相关并贯穿于整个职业的基本理论知识、有关法律知识和安全卫生、环境保护知识。与教师相关的标准包括教师的准入标准、教师教育的课程标准、教育质量的保障标准，其中教师的准入标准是与教师资格证书相配套的要求，是对教师职业标准最直观的体现。2012年教育部制定颁布了《幼儿园教师专业标准（试行）》《小学教师专业标准（试行）》和《中学教师专业标准（试行）》（附录）等。从"师德为先、学生为本、能力为重、终身学习"4个理念出发，分别对幼儿园、小学、中学教师提出了60多项标准与要求。对这些标准及要求的学习和掌握是师范生成为一名合格教师的基本要求，也是师范生开展教师教育学习的目标遵循。为了更好地培养出合格师范人才，2017年教育部又制定颁布了《普通高等学校师范类专业认证实施办法（暂行）》的通知（教师〔2017〕13号），对开办的培养幼儿园、小学、中学教师的师范专业，分别在"培养目标、毕业要求、课程与教学、合作与实践、师资队伍、支持条件、质量保障和学生发展"8个方面提出质量要求，并制定了学前教育、小学教育、中学教育专业认证标准，从践行师德、学会育人、学会教学、学会发展4个方面对师范生人才培养提出具体要求。2021年为推进师范生免试认定中小学教师资格改革，建立师范生教育教学能力考核制度，教育部又研究制定了《中学教育专业师范生教师职业能力标准（试行）》《小学教育专业师范生教师职业能力标准（试行）》《学前教育专业师范生教师职业能力标准（试行）》《中等职业教育专业师范生教师职业能力标准（试行）》《特殊教育专业师范生教师职业能力标准（试行）》五个文件（见附录），这是教师专业标准在人才培养体系下的细化，也是各级各类师范人才培养单位办学授课的基本要求。从这些标准中，学生能更清晰把握师范教育的办学方向、目标定位、培养要求等，从而为把握自我成长方向、制订学习方案等方面提供重要的借鉴。

（二）教师的职业知识

教师的职业知识是教师职业专业化的重要体现。关于教师职业知识的研究中比较有代表的是课程研究专家舒尔曼（Shulman，1987）所架构的教师知识的分析框架。舒尔曼认为教师必备的知识至少应该包括如下7个方面（见表1-1）：

表 1-1 教师必备知识

类别	内容
学科内容知识	教师所教授的学科知识内容
一般教学法知识	超越具体学科之上的有关课堂组织和管理的一般原理和策略
课程知识	对作为教师"职业工具"的教材和教学计划的掌握
学科教学法知识（教学的内容知识）	对所教的学科内容和教育学原理有机融合而形成的对具体课题、文体如何组织、表达和调整以适应学习者的不同兴趣和能力以及进行教学的理解
关于教育对象的知识	有关学生及其特性的知识
教育脉络（或背景）的知识	包括班级或小组的运转、学区的管理与财政、社区与文化的特征等
目的、价值、哲学和社会背景知识	有关教育的目的、目标、价值、哲学与历史渊源的知识

舒尔曼认为在上述知识中，学科教学法知识是特别重要的，因为它确定了教学与其他学科不同的知识，体现了学科内容与教育学科的整合，是最能区分学科专家与教师的不同的一个知识领域。学科教学法知识是教材内容与一般教学法融为一体的知识，是对具体的教学目标与教学任务进行组织、表征，以适应不同学生的兴趣与能力的知识。此类知识的内容有例子、类比、图解、解释和演示等，还涉及对学生当前知识状况的了解，如何将新概念与学生已有的知识结构相联系，明了对于学生而言，教学内容的难易所在及原因。教师通过运用这个整合性的知识，可使学生更容易地理解和掌握教学内容，实现有效教学，因而，学科教学法知识是教学中最为重要的知识。另一名研究教师知识的代表人物是埃尔伯兹（Elbaz，1981，1983）则将教师的知识称为"实践知识"，认为当教师遇到各种人物和问题的时候，教师的知识可以引导教师的工作。他把教师的知识分为五类：

（1）学科知识（语文、数学等学科知识）。

（2）课程知识（关于学习的经验及课程内容建构的知识）。

（3）教学知识（关于课堂管理，教学常规，学生的需要、能力及兴趣等方面的知识）。

（4）教学环境的知识（关于学校及其周围社区的社会结构的知识）。

（5）自身的知识（关于他们自身作为教师的优势及弱点方面的知识）。

尽管不同学者对教师知识的分类不同，但基本上都一致认为教师的职业知识至少要包括本体性知识、条件性知识、实践性知识。本体性知识，也就是学科知识，这是保证"教对"所需的知识，如语文、数学等学科知识。条件性知识，也就是关于教学的知识，解决怎么教的问题，是保证"教会"所需的知识，这就必须掌握教学技能和学生情感，要知道学生怎么学才能教，主要通过学习教育学、心理学等课程来获取。实践性知识，它表现为教师的教育机智、教育智慧，是一个教师开展教育教学相关的隐性知识的综合表现，它是由不断的行为训练和自我反思而积累形成的经验体系。实践性知识源于两个方面：一是实践，二是反思，所以实践性知识可以表述为实践＋反思。

（三）教师的职业能力

教师的职业能力就是教师从事教书育人的工作能力，是教师在教育领域中所形成的顺利完成某项任务的能力和本领。教师的职业能力是教师综合素质的最突出的外在表现，它是教师专业性的一个重要组成部分，也是评价教师专业性的核心因素。

关于教师职业能力的构成，不同学者有不同的观点。有的研究者认为，教师职业能力主要包括教师的基础能力、教师的职业能力和教师的自我完善能力。教师的基础能力，主要包括教师的智慧能力（或称智力、审美能力等）教师的职业能力，主要包括教师的教育能力、班级管理能力、教学能力。教师的自我完善能力，主要包括以教师的自学能力、教育研究能力、撰写教学论文的能力、教学创造能力等为主要内容的扩展能力和正确处理人际关系的能力。也有研究者认为，教师专业能力主要包括以下几个方面：设计教学的能力，即教师在综合考虑教材、学生、教学时间、教学手段等因素的基础上，对教学目的、内容、程序、方法等进行整体构思的能力；表达能力，包括语言表达、板书板画、运用多种教学手段演示等能力；教育教学组织管理能力，如班级管理能力、课堂管理能力、课外学习管理能力等；教育教学交往能力，如理解他人能力、沟通能力、协调人际关系能力等；教育教学机智，即处理教育教学过程中突发事件的能力；反思能力，即对自己的教育教学状况正确评价的能力；教育教学研究能力，即教师对学生、对教育教学实践和理论进行探索，发现问题，并试图解决问题的能力。还有研究者认为，教师专业能力主要包括：全面掌握与科学设计教学内容的能力，良好的语言表达能力，多方面良好的组织管理能力，善于因材施教的能力，在教学情境中的应变与调控能力，自我监控能力，自我鉴定、自我评价、自我教育能力，一定的教育科研能力和教育机智。另外还有研究者认为，教师专业能力主要包括：教学技能（主要包括教学设计的能力、教学实施的能力、学业检查评价的能力、交往能力、组织与管理能力、课程开发与创生能力、自我反思与教育研究的能力）。还有的研究者认为，教师专业能力主要包括：一般能力（即智力），教师专业特殊能力（如语言表达能力、组织能力、学科教学能力等与教师教学实践直接相联系的特殊能力，以及有利于深化教师对教学实践认识的教育科研能力）。还有的认为，教师专业能力主要包括：教育教学能力，参与时代的意识与能力，促进学生发展的意识与能力，自我反思、自觉研究以及促进自身专业发展的意识与能力。还有研究者认为，教师专业能力主要包括：表达能力、课堂管理能力、教学监控能力、人际交往能力、教育研究能力和教学反思能力。还有研究者认为，教师专业能力主要包括：领会和把握教育教学目标的能力，自我反思（被认为是教师专业的元能力）和发展的能力，进行教育教学研究的能力，了解学生并能够进行有效沟通的能力，教育资源运用和开发能力，教学设计、监控及现代教学技术运用能力，教学测量与评价能力。还有研究者从教育学角度出发，根据德、智、体和谐发展理论和教育教学实践的探索，认为教师专业能力结构由德、能、体、心四要素组成。德，即师德；能，即专业效能，专业效能取决于教育专业素养、学科专业水准和博雅素养；体，即身体素质；心，即心理素质。因此，教师专业能力结构由师德、教育专业素养、学科专业水准、博雅素养、身体素质和心理素质这六项一级指标构成。根据来自一线的观察，结合学者的研究，参照师范专业认证提出的践行师德、学会教学、学会育人、学会发展的四条要求，可以提出师范生需要重点发展的四项专业能力：教学能力、育人能力、反思能力、研究能力。

1. 教学能力

教学能力主要是指各科教师应当普遍具有的运用特定教材从事教学活动、完成教学任务的能力。它主要包括常规教学能力、教学语言、教学机智三个方面。教学能力是教师职业能力的基础，在能力结构中处于基础地位。

教师的教学工作主要包括：备课、上课、布置作业、课后指导、检查和评价六个基本环节。与此相适应，教师常规教学能力主要表现在备课、上课、作业布置和批改、课后辅导和评价几方面。在备课方面，要求教师能根据学科课程标准的要求和本门课程的特点，结合学生的具体情况，选择最合适的表述方法和顺序，以保证学生有效地学习的准备过程。在上课方面，要求教师教学目标明确、教学内容准确、教学方法得当、教学基本功扎实、教学程序合理、教学效果有效。在布置作业方面，教师要确保作业内容要符合课程标准和教科书的要求、作业选取要有代表性、典型性作业分量要适当，难度要适中；作业形式要多样化，具有多选性；作业有助于启发学生的思维，尤其是创新思维。在个别辅导方面，要适应学生个别差异、贯彻因材施教。在检查和评定方面，要注意科学性、有效性和可靠性，检查和评定的内容应力求全面，又突出重点，要注意对检查和评定的结果做必要的分析。

教学语言。教师的教学语言包括言语表达和非言语表达。言语是个体利用语言进行交际，表达思想、意见和情感的过程。教学语言是教学表达的工具，它具有以下四种作用。传递与解释作用、启发作用、组织作用和感染作用。言语表达包括口头语言表达和书面语言表达。口头表达作为课堂教学和日常密切联络师生关系的主要工具，在教学实践中具有举足轻重的地位与作用。教学语言要符合科学性标准、艺术性标准和教育性标准，也就是说，教学语言要符合语言规范和逻辑规则，要简练生动、发人深省、幽默风趣、富有个性，还要表现出态度上的谦和、形式上的简洁。非言语表达是指教师在教学中创造性地运用非言语因素进行教学表达的活动。它主要指由教师人体本身的动作和姿态来传播教学信息，也即教师表达内容时的表情、动作（手势、摇头、耸肩等）、眼神、姿态（站姿、步态）、服饰等体态语言。教学非言语表达是教师教学多讯道表达活动的重要组成部分，同时也是教师塑造自身形象、为学生仪态修养做出直观示范的重要手段。教学非言语表达具有传递信息、情感认同、反馈调节功能，它能对教师课堂语言表达起到辅助作用，引起学生的注意，增强语言表达的说服力和感染力，使课堂教学收到良好的效果。举止稳重、表情自然、仪容大方应该是教师必须具备的素养。

课堂教学机智在教学活动中具体表现在四个方面：第一，处理课堂突发事件的机智。教学是一个特殊而复杂的系统，受到教师、学生、内容、环境等诸多因素的影响，所以，教学中随时都可能出现各种意外情况，这要求教师必须保持理智冷静的头脑，采取灵活机智的对策，保证课堂教学正常进行。第二，处理教师自身失误的机智。课堂教学是一种极其复杂的活动，尽管事先认真准备，但每个教师尤其是年轻教师在教学过程中仍难以避免出现一些意想不到的、程度不同的自身失误，如读错字、写错字、算错了题、做错了实验、内容遗漏、讲课"卡壳"等。这就要求教师机智处理和解决，化解自身尴尬。第三，处理教学疑难的机智。知识的不断激增和信息社会的到来，使得现代学生的视野大大开阔、思维异常活跃，教师在正常的课堂教学中，学生会提出一些难度很大的问题，或者是一些比较新奇的问题，甚至是一些比较怪的、违背常理、常规和常情的问题，使得教师一时难以回答。这就要求教师机智处理和解决，使自己容易下台。第四，处理恶作剧的机智。学生思想活跃，有些还爱耍小聪明，甚至还会制造恶作剧。有些恶作剧往往使教师处于窘境，骑虎难下，认真不得，躲避不能。尤其在课堂上进行查处或拖延上课时间，还可能伤害很多学生的感情。这也要求教师机智处理和解决。

2. 育人能力

育人能力是指教师组织教育教学活动、参与班级组织管理的本领和技能，主要包括组织管理能力和人际交往能力。教师的组织管理能力即为完成人才的培养目标，在施教过程中教师对学生的组织能力和领导能力。即善于组织学生，团结他们，指导他们的活动，维持班级的纪律的能力，营造积极的校园文化，促使每个学生在平等的基础上开展积极的竞争，人人奋发向上，使每个学生的个性得到发展。人际关系能力是指教师在处理与学生、同事、领导和家长的多重关系时所体现的沟通与协调能力。优秀的教师往往能够富有理性和艺术魅力地协调好师生关系，能够经常与学生沟通对话，最大限度地发挥学生作为学习主体的主动性和创造精神，促进学生智慧的养成；也善于与同事和领导形成凝聚度很高的教学合力；还能取得家长的配合，共同为孩子的成长进步而努力。

3. 反思能力

教学反思是指教师为了实现有效的教书育人活动，在一定教育理论理念的支持下，对正在发生或已经发生的教育、教学活动以及这些活动背后的理论、假设，进行持续、周密、深入、积极的思考。通过"复盘"式的思考，来发现、清晰呈现所遇到的教育、教学问题，并通过寻求多种方法在相同的教育情境中解决存在的问题的过程。教学反思是教师对自己教学生活的抽身反省与自我观察，是教师通过对其已经从事或正在从事的教学活动进行的理性观察与优化，从而提高其教育教学能力的活动。反思能力是教师自我观照、自我提升的重要保证。

4. 研究能力

教师的研究意识、研究能力是教师专业发展的核心内容，是教师自我发展、自我完善的必备能力。因此，主动提高教育教学研究能力，已经成为广大教师职业发展的内在追求。教师要将学习中产生的思想、观点、方法运用于实践，创造性地解决实际问题。教师需要具备通过开展教育实践、课例分析、撰写教育随笔等活动，理性审视自身的工作，诊断问题，剖析现象，提出解决策略。

【拓展阅读】

人工智能为教师传统角色带来挑战

人工智能是引领新一轮科技革命和产业变革的战略性技术，具有溢出带动性很强的头雁效应。伴随着教育数字化战略的推进，人工智能必将越来越多地渗透到教育领域，传统的教育教学面临着极大的考验，教师角色也面临着全方位的挑战。

1. 教师的知识权威受到挑战

人工智能带来海量的教育教学资源，极大拓展了学习渠道，教师不再是知识的主要传授者，其知识权威地位受到挑战。人工智能以形式灵活多样、资源丰富为外在表现特征，可以跳出教材的束缚，以图文、音视频等多种形式呈现出丰富的知识样态，高效率地开展知识性教学。此外，人工智能可以高效精确地进行知识整合，围绕学习主题进行知识拓展，快速呈现出知识点之间的逻辑结构，形成知识网，并可以轻松打破学科界限，进行跨学科的知识整合。可以说，人工智能极大地拓展了学习的渠道，消解了教师传统意义上的知识权威。

2. 教师评价话语权将被削弱

人工智能基于跨媒体技术、复杂运算技术等，能够实时获取学生在各个场景中的连续表现，分析更细粒度和更大范围的数据，综合统计分析学情，以供教师及时、客观了解学生的学习态度、学习能力、学习进度和学业表现，可以有效克服教师经验式主观判断的不足。知识图谱是人工智能用于学情诊断的方法，其通过使用统计分析和数据挖掘技术，把整理的数据进行统计推理，分析学生的不良学习特征，比较不同院校学生的学习保持率、学习进步和完成情况。人工智能在为教师提供个性化教学依据的同时，也削弱了教师在学生评价中的话语权。

3. 教师的中心地位被边缘化

凸显学生自主性的泛在化学习新样态边缘化。在传统的班级授课制中，教师处于课堂的中心，是教学材料的供给者、教学活动的组织者。人工智能的出现为学习者提供了自主性学习的条件，人工智能使知识通过智能化的教学网络进行流动，打破了时间与空间的限制，让知识教学随时随地发生，实现知识共享与互动的即时发生。伴随着学习载体、学习资源的流动性，学生的学习出现分散性、泛在化特征。人工智能可以在任何时间、地点提供教学，并以学习伙伴的姿态通过多种形式的教学素材开展知识教学，进一步推动学习者走向学习中心，教师原有的中心地位逐渐被边缘化。

不难发现，伴随着人工智能的广泛应用，教师职业的独立性受到诸多挑战，这些挑战的本质即是教师角色和定位的变化——在面对爆炸性学习材料、多样化学习渠道、自动评价反馈、泛在化学习方式、虚拟场景师生交往的诸多变化时，教师应扮演怎样的角色、处于何种地位。人工智能给教师职业带来全方位挑战的背后，正在渗透着一种新的教学理念。在智能化教学时代，教师群体应以教育数字化为契机促动自身教学理念和教学方式的转变，调整师生关系，从而从容不迫地保持教师职业的独立性。

李芳《人工智能时代教师角色的"变"与"不变"》

【发展启示】

智能时代的来临，传统教学中的教师以班级授课制进行讲授、学生按照课程表接受统一进度的学科教学场景逐步转变为另一种场景，即学生在人工智能的引导下开展自主学习，教师备课、批改作业、反馈评价全部实现自动化。面对未来的教育场景，师范生应未雨绸缪，积极应对。

1. 师范生在学校应更加重视教育技术类知识的学习

面对人机协同育人的新场景，师范生应注重新技术的学习，做到能够准确应用人工智能的技术手段为教学赋能。如克服教师的知识有限性，应用人工智能提供多样化的教育教学资源，充分发挥人工智能丰富性、便捷性、敏锐性等特点，为学生提供多样化的知识呈现形式，模拟不同的真实情境，激发学生的情感体验；克服教师学情诊断的主观臆断，运用人工智能的画像功能精确诊断学情，综合学生的学业表现总结学生的学习特点和思维规律，制订更加个性化的教学方案和作业方案，针对学生的薄弱点分层次培养，发掘培养学生的个人兴趣爱好等。

2. 师范生要增进德性智慧，提升育人能力

师范生要加强教育学、心理学等的学习，不断更新教育理念，更好地增进自己的德性智慧，以提高育人技能。读懂学生情绪的能力、由己及人的同理心、社会实践的代入感将是未来教师更稀缺的能力。教师只有轻松地与学生建立起情感连接，才能作用于学生，才能让学生的认知、情感、行为发生改变。因此，师范生必须不断研修、反思如何提高自身的育人技能，促成知识的丰富和价值观的完善。同时，教师应加强人文素养、科学精神的终身陶冶，积蓄内心丰富的情感力量，养成独具魅力的人格。

> **思考与讨论**
>
> 1. 师范生如何更好地学习教师教育知识？
> 2. 师范生如何在学习中做好师范性和学科性的平衡？
> 3. 师范生如何在师范教育中不断提高教师职业能力？

第二章

职业生涯规划

> **学习目标**
> - 了解职业规划的相关知识。
> - 了解几种常见的职业测评工具。
> - 尝试使用科学的测评工具开展职业倾向性测评。

人生需要正确的规划,大学阶段是职业生涯的准备期,大学生的学习、生活、社会实践情况直接或间接地决定其毕业后职业生涯发展的方向与高度。大学阶段学习掌握职业生涯规划的基础知识与方法,确定自己的目标和方向,做出适宜的大学生涯规划,对于实现职业理想乃至人生理想是非常重要的。本章将开启职业生涯规划的专业学习之旅,通过对职业生涯规划内涵的分析,影响职业生涯规划要素的解读,为师范生成功开展职业生涯规划提供理论的支撑。

第一节 认识职业生涯规划

一、职业生涯的含义

(一) 生涯

"生涯"一词最早见于庄子所说的"吾生也有涯,而知也无涯"。这里,

"生"为生命,"涯"为边际、极限。"吾生也有涯",可以理解为"我们的生命是有限的";"而知也无涯",可以理解为而知识是无限的。生涯就是有限的全部人生历程。

"生涯"在英语中与职业是同一词(Career),有人生经历、生活、道路、职业、专业、事业的含义。日常生活中往往将生涯理解为某段特定的人生历程。由于职业时期处在个体人生的大部分时间段,所以生涯往往就是指职业生涯。美国国家生涯发展协会是这样给生涯定义的:所谓生涯是指个体通过从事工作所创造出的一个有目的的,并延续一定时间的生活模式。

(二)职业生涯

职业生涯是指个体一生连续从事和担负的工作职业、工作职务和工作职位的过程。它不仅仅是职业活动,而且包括与职业有关的行为和意愿等内容。与职业不同,职业生涯是一个发展的概念,即将个体的职业生活看作是一个动态的过程,具有浓厚的个体色彩。它不仅包括过去、现在和未来那些可以实际观察到的职业发展过程,而且包括个体对职业生涯发展的见解和期望。

职业生涯是个体终身的工作经历,是个体一生中所有与职业相联系的行为与活动,以及相关的态度、价值观、理想、愿望等连续性的经历过程,也是个体一生中职业、职位的变迁及工作理想、人生目标的实现过程。在职业社会中,人的职业准备和职业生活占据了主要而关键的部分,从这个意义上看人的职业生涯就是生涯。

(三)外职业生涯与内职业生涯

1. 外职业生涯

所谓外职业生涯,指的是从事一般职业时工作单位、工作内容、工作实践、工作职务与职称、工资待遇、荣誉称号等因素的组合及其发展变化的过程,也就是通过文件、聘任书、工资单等显性表现出来的东西。

2. 内职业生涯

所谓内职业生涯，是指从事职业过程中个体内在的观念、知识、经验、能力等的发展变化，心理素质、内心体验等因素的组合及其发展变化过程，多以一种隐性的状态呈现。

3. 内、外职业生涯的关系

外职业生涯，通常是由外部决定、认可、给予的，是由个体努力并需要获得外部评价系统肯定才能获得，外职业生涯是个体努力，社会认可的双向决定，是自控与他控共同决定的结果。外职业生涯所呈现的成果也有可能随着外部环境的变化而消失，而内职业生涯更多的是个体在职业中获得的个性体验，主要靠个体的不断努力，也会受到来自他人的帮助而实现，但从根本上说是自控的成果。因此，内职业生涯的成果不会随外职业生涯的获得而自动具备，也不会因为外职业生涯的结束而自动消失。

外职业生涯与内职业生涯二者又是统一的：一方面，内职业生涯的发展是外职业生涯发展的先提条件，只有拥有过硬的内在本领，才有可能取得职业的不断发展，从而实现外职业生涯的发展，它是人的职业生涯成功乃至人生成功中的关键因素，因而在职业生涯的各个阶段，大学生都应重视内职业生涯的发展，在关注外职业生涯的基础上，把着力点放在内职业生涯的发展上，强化内功的修炼和自我意志品质的完善。另一方面，也要重视外职业生涯的发展，外职业的发展为内职业生涯的发展带来新的资源、新的视角，为个体发展提升提供了新的平台，非常有助于个体内职业生涯的发展。

二、职业生涯规划概述

（一）职业生涯规划的概念

职业生涯规划依据主体不同，可以分为个体职业生涯规划和组织（泛指企业、公司及所有用人单位，以下同）职业生涯规划两类。我们所讲的职业生涯规划专指个体职业生涯规划,是指在个体在与组织发展相结合的基础上,通过对职业面临的主客观因素分析、测定和总结,确定阶段性的职业奋斗目标,并为成功达成阶段目标而预先进行职业生涯发展系统设计、安排的活动或过程。也可以理解为:职业生涯规划就是个体在科学评估分析职业选择、职业发展的主观和客观因素后,确定个体最优化的奋斗目标和职业发展目标,并为实现这些目标而安排的路径及保障措施。

(二)职业生涯规划的分类

根据职业生涯规划的含义,一般根据实施主体和时间两个维度将职业生涯规划进行分类。

根据生涯规划实施主体的不同,可分为组织职业生涯规划和个体职业生涯规划。

1. 组织职业生涯规划

它是指企业(事业)组织的人力资源管理部门,根据组织发展的需要,结合人力资源的实际情况,将组织成员个人的职业生涯规划的制定、实施和调控纳入整个组织的人力资源规划体系中,试图通过把个体发展与组织发展相结合,实现最有效的人力资源开发。人力资源管理部门会对员工个体职业生涯的个体因素、组织因素和社会因素等进行综合的分析评判,将员工事业发展的设想与计划安排融入组织的战略发展中。如组织会根据未来事业发展的需要,确定组织员工编制情况,为组织内员工提供适当的教育及培训等机会,以充分挖掘员工潜力,激励员工干劲,留住核心人才,培育潜力人才,通过有计划地开发组织内人力资源,促进企业(事业)组织的发展。开展组织职业生涯规划是正规人力资源管理部门的核心工作,其中的重要原则就是确保人职匹配,人力开发服务组织发展。因此,新入职的大学生要主动了解企业(事业)的发展战略,主动适应组织人才的动态需求,在职业中主动更新知识结构,获取更高层级的技术能力,主动争取培训进修的机会,保证自己能适应组织的发展成长,并力争成为组织发展中不可或缺的人才。

2. 个体职业生涯规划

个体职业生涯规划是个体的一种主动行为，是指个体将自身实际与组织现状相结合，理性分析发展机遇和面临的挑战，对其各个阶段的工作、职务或职业发展路径进行的规划。包括为自己确立发展目标、选择职业路径、确定职业计划等，以及为实现自己的职业目标而确定的努力方向、行动方案以及保障策略等。个体职业生涯规划在一定程度上是个体职业理想的具体化，是个体根据自身情况和外在环境，通过选择职业发展的目标，并制定实施达到目标的具体路径的全过程。它实质上是通过自我认识、自我探索、自我成长，最终达到自我实现的发展过程。个体职业发展规划应包括从业前的专业和职业选择，也包括从业后的职业适应和职业调整规划。对于在校大学生来说，开展职业生涯规划的早期学习，提早树立职业生涯规划意识，开展生涯规划行动具有特别积极的意义。一方面有利于大学生在专业发展选择、校内学习统筹等方面更加科学主动，另一方面也有利于大学生职业初期的职业适应和长期的职业发展。因此，学习了解职业生涯规划对大学生而言将影响长远、受益终身。

根据职业生涯规划的时间跨度，可以将职业生涯规划分为短期规划、中期规划、长期规划和人生规划。

（1）短期规划。1~2年以内的规划，主要任务是确定近期目标，规划近期应完成的任务。

（2）中期规划。一般涉及3~5年内的职业目标和任务，是在近期目标的基础上设定。这是职业生涯规划中最常用的一种，例如，5年后要晋升更高一级别的岗位以及获得相应的待遇。

（3）长期规划。5~10年的规划，主要是设定较长远的目标。如规划到一定年龄（如35岁），其主要任务是设定较长远的目标。

（4）人生规划。整个人一生的职业生涯规划，时间长达30-35年，涵盖个体一辈子的发展目标和阶梯。

(三）职业生涯规划的特点

1. 个性化

因为职业生涯发展的动力来自自我发展的内驱力，所以个体职业生涯规划所呈现的个性化是职业生涯规划的最主要特征。职业生涯规划涉及内心和行为，这一行为是需要、动机、自我行动、自我建设、自我调控的统一体，关键是自主权的获得，因为获得自主权就获得了支配主动性。调控通过选择、自我决定会形成更大的自治能力。整个规划遵循了自我意识的表现——自我建设——自我调控及个体发展动态选择的轨迹。

个体的职业生涯规划不是外部力量强加在个体身上的结果，恰恰相反，这是个体在自我发展内驱力的推动下，结合社会和组织的综合需要，并依据现实客观条件和面临的机会，所制订的个性化发展方案，受社会地位、家庭环境、教育水平、工作经历等因素影响，使个性、价值观、思维方式及行为方式产生差异性。外界因素可以为个体制定目标提供信息、提供建议，但不能强加目标于个体。职业生涯目标一定由本人确立，或虽由外界建议，但须经过本人真正发自内心的认可。由此可见，个体职业发展的源泉和动力完全在于个体，外部力量（组织或个体）只能为其提供一些发展机遇。因此，规划须根据自我的独特属性，面临的专有环境，进行独有的发展路径设计，以期展现职业生涯规划的个性化特质。

2. 可行性

职业生涯规划的目的是为个人的发展提供切实可行的发展路径，所以规划者要真实评估个人的知识能力水平，面临的现实机遇和挑战，制订出符合实际具有可行性的发展方案，而不是好高骛远，不切实际地制定目标和行动方案，其结果最终只能使规划方案沦为案头落尘的文本而已。大学生社会阅历不深，对未来充满理想的憧憬，在开展职业生涯规划时理想色彩往往高于现实思考。大学生的规划要具有可行性，需要在进行职业生涯规划时，分析专业培养方案的要求，考虑今后从事的职业需要什么知识和能力，实地了解行业发展的现状，创造条件主动访谈行业内的工作者，真实了解这个行业内的职业到底是什么样的，只有这样，做出的方案才可能具有可行性。

3. 指向性与适时性

职业生涯规划设定的职业发展目标是面向未来发展的，因此具有很强的指向性。个体通过各个阶段目标的设定、路径的选择、发展策略的实施，保证自我有计划地、分阶段地达到职业目标，从而实现职业的发展。相邻的阶段目标构成了向上的阶梯，各项活动的实施都应有时间和顺序上的安排，这种明确的指向性确保了个体发展的方向清晰明确，每个时期目标的适时性体现职业规划的因时因地，确保了每个阶段性目标实现的可能性。大学生开展职业生涯规划，就是充分利用生涯规划的指向性和适时性特点，既明确自我发展的总方向，又可以通过按部就班实现每个相互关联的阶段目标，保障总目标的实现。

4. 机动性

职业生涯规划是个体为了更好把握发展环境，提高发展成效所做的发展优化行动，是一次以自我为主的发展方案设计，即使在设计之初充分预估了外在环境的发展变化，但是随着行动的推进，也一定会有突发或未经预料的事情发生，这就需要在规划中、在时间节点的安排上、在目标的大程度上保持必要的弹性，具有一定的机动性。比如，大学生在规划职业生涯时，在总目标的设定上既要专，关注心仪职业的发展要求，又要广，也要对相关职业的要求进行了解，可以在未来职业发展中寻到替代职位。在阶段目标设计上，也要留出一定弹性，防止因为外在环境的变化，而使目标落空。

5. 长期性

职业生涯目标是人一生追求的重要目标之一，职业生涯规划应贯穿人生发展的各个阶段。个体通过不断调整与持续的职业活动安排，最终实现职业生涯目标。在职业生涯教育比较成熟的国家，职业生涯辅导教育从幼儿园就开始，进入大学之前，学生已经经历了职业的认识、职业的探索、职业的准备等各个学习阶段。因此学生在进入大学前已经明确社会需要什么样的人，自己要成为什么样的人，为实现这样的人生目标需要安排自己进行什么样的学习、开展怎样额外的培训和附加工作,并已经具备了基本的职业发展能力。相比之下,我们的职业生涯规划教育还有亟待完善的方面,全链条的职业规划教育正在探索完善中。但对于大学生来说,现在规划职业生涯并不太迟,因为职业生涯规划是一个长期过程,它贯穿于每个个体的职业准备及职业生涯的全过程,从现在开始树立职业生涯规划意识,开展职业规划行动,做有理想、善行动的人。

6. 开放性

个体是职业生涯规划的主要角色和设计者,但并不是就依靠自己便可以完成职业生涯规划,更不是说职业生涯规划一次性便能完成。合格的职业生涯规划体现着充分的开放性。它需要以规划者个体为核心的多方协商,需要借助相关机构科学地测评,需要根据外部环境的变化,适时地调整。

制定职业生涯规划时,可与家庭成员、职业生涯规划"行家"、组织相关人员、组织外部的人士多方协商,从不同角度和侧面看待问题,这样可以减少对自身和客观形势主观判断的失误,特别是组织外部专家顾问的建议,可以使个体开阔眼界,减少错误。

大学生除了可以参加类似潜能评价中心等单位的正式测评外,还可以利用一些调查表测评自己的动机、价值观和发展愿望,这样可以为职业生涯规划提供指导。

职业生涯并不是一劳永逸的,外部环境在变化,人的动机和能力也发生改变,不能以一成不变的心态来看待它,而必须随着客观条件、环境的变化而变化,或许某一时刻的某一切身利益在几年以后大部分失去了原有的意义。同样,某一种需求在几年后可能又有了大幅度提高,因此需要定期检查职业目标是否与个体兴趣、能力和外部环境(市场、技术发展、组织方向等)相适应。所以,职业生涯规划是促进人职业发展的一种策略工具,而不是固定的行为模式。

7. 预见性

职业生涯规划是个体对未来职业发展的心理预期的"外在符号",包括个体在组织中预见能达到的职位、薪水、福利、津贴、声誉等。大多数情况下,这种心理预见性可以使个体在发展前景及个体职业生涯之间寻求平衡。根据个体或组织发展过程中的可能性，定期对预见性进行修正，作为一种有效的配合方式加以运用，进而随着时间的推移，使随着环境的变化而变化的个体和组织的愿望相互契合。

大学阶段是职业生涯规划的关键期，这个时期主要分为定向、执行和稳定三个发展阶段。定向阶段是大学生职业生涯规划的关键阶段，核心任务是结合自己所学专业进行职业探索，考虑专业发展趋势，并通过实习了解职业发展前景，明确择业目标；执行阶段主要任务是搜集职业信息，掌握求职技能，进行职业选择决策；稳定阶段主要是在签订就业协议后，规划如何适应职业岗位的要求，做好职前准备，寻求职业发展。

三、影响职业生涯规划的主要因素

职业生涯是个体人生发展的一个重要阶段，是个体个性化与社会性的综合体现。在这个重要而又长期的过程中，每个个体的职业生涯规划都会受到与其自身密切相关的几个要素影响，主要体现在受教育程度、家庭环境、性格特点、价值取向、健康状况、社会环境、发展机遇等主观和客观因素的影响。

（一）受教育程度

教育是培养才能、塑造品格、促进个体全面发展的重要手段，它在提升个体的整体素质，提高个体的职业能力方面具有不可替代的作用。不同的教育程度还会使个体对职业价值的判断产生不同的影响，因此获得不同教育程度的人在职业选择与被选择时，相同的职位可能会有不同的反馈。不同的教育起点有时也决定了职业规划的起点。从一般规律看，有较高教育水平的人，在就业以后会有较好的发展，即使暂时工作不尽如人意，其向其他职业流动的能力也较强。

人们接受的不同等级的教育，在不同院校所接受的不同教育思想影响，其所学的不同学科门类，都会使受教育者形成不同的思维模式，这种思维模式会影响到他们采取不同的眼光来对待自己、对待社会、对待职业生涯的发展，从而也呈现出不同的职业生涯规划。

（二）家庭因素

家庭是抚育个体从幼儿成长为成人的地方，家庭的经济文化环境、父母的素质素养深刻影响个体的身心发展，原生家庭的影响有时会贯穿人的一生。人处在幼年时期，最容易受到家庭潜移默化的影响，而形成的价值观和行为模式也影响深远。有的人会受家庭成员影响，从家庭中自觉或不自觉地获得某些职业知识或技能，从而影响其职业理想和职业目标及职业选择。此外，家庭成员在大学生求学选择、职业选择或职业流动中，往往也会给予一定的干预或建议，这些都会影响个体的职业发展。

（三）性格因素

性格对个体的职业选择有很大的影响。职业规划大师霍兰德将人的性格分为六种类型。一般人具备的性格可能是其中一种的单一类型或两种以上的混合类型。从事与自己性格相适合的工作，才能充分发挥自己的才华，全身心地投入工作，取得好的事业发展。如果自身性格与工作要求不相适合，再好的素质也难以发挥出来，而且也很难收获职业成功所带来的幸福感。

（四）价值观

个体的价值观、心理需求等都会直接影响到职业生涯的选择和发展。不同的人对同样的工作可能有着不同的价值评判，而同一个人对不同的职业会有不同的态度与抉择。人们会根据对不同职业的评判和价值取向来选择自己的职业。年龄阶段、阅历水平、职业经历都会影响人们的价值判断，即使是一个成年人也会随着生活阅历的加深，而发生价值观的变化，从而发生职业选择的变化。

（五）社会环境

社会环境是个体职业生涯开展的主要地方，是影响职业生涯的重要因素。社会的政治经济态势、社会文化与风俗习惯、职业的社会声誉等，这些大环境因素决定着社会职业岗位的数量、质量与结构，决定着其出现的随机性与波动性，也决定了人们对不同职业的选择和步入职业生涯、调整职业生涯的决策。大学生所在的学校、工作单位、社区、家族关系、个体交际氛围这些狭义的社会环境，决定了其具体活动的范围、内容，也决定了其职业生涯发展的机会，因此大学生既要利用好现有的环境，还要发挥主观能动性，积极挖掘环境中的有利因素（如人际关系等），善于创造有利于自我发展的良好环境。

（六）身心素质

身心素质就是个体生理、心理素质。职业的身心因素是指个体的身体和心理素质状况与职业要求是否匹配。对于职业人来说，身心健康对于任何职业都非常重要，几乎所有的职业都需要健康的身心。因此，身心健康状况是不容忽视的因素。

第二节　自我认知的维度与方法

一项调查显示，北京人文经济类综合重点大学中有62%的大学生并未按照性格、特长来规划自己的职业选择，33%的人只有不明确的规划，仅有5%的人表示有明确的规划设计。随着大学毕业生就业形势的日益严峻，多数大学生在就业时还没有关注自己到底适合哪一种职业，考虑更多的是能不能找到一个相对稳定的工作。其实，早在上大学选专业时，考虑到其职业兴趣与能力倾向的人也不多，基本上考虑的是哪一种专业比较热门且容易就业。大学生择业不能是单纯地"找工作",它应该是建立在科学的自我认知基础上的理性选择。那么,什么是自我认知呢?

自我认知主要是认识自己的个性。个性是指区别于他人的,在不同环境中显现出来的,相对稳定的,影响人的外显和内隐性行为模式的心理特征的总和。个性包括个性倾向性和个性心理特征。个性倾向性包括需要、动机、兴趣、理想、信念、世界观等;个性心理特征指人的多种心理特点的综合体现,主要是指人的能力、气质和性格。

一、自我认知的维度

自我认知主要从兴趣、需要、价值观、能力、气质和性格几个方面入手,对这几个方面的科学认知,是制订科学职业生涯规划方案的前提。

(一)兴趣

兴趣是个体力求认识、掌握某种事物,并经常参与某种活动的心理倾向。当个体对某种事物有兴趣时,就会产生特别的注意力,对该项事物感知敏锐、记忆牢固、思维活跃、情感浓厚、意志坚强。兴趣是活动的重要动力,是成功的重要条件。

当倾向对象指向某一特定职业时,就形成了职业兴趣。职业兴趣在职业活动中起着极其重要的作用。人们通常倾向选择与自我兴趣类型匹配的职业环境,以便最好地发挥个体的潜能。个体对某职业的兴趣如何,是在选择职业时应首先考虑的。因为从事自己感兴趣的工作,就有可能发挥自己的积极性,最大限度地挖掘自身潜力,努力将工作做好,而且可以从工作中得到满足并感到愉悦。

(二)需要

需要是有机体感到某种缺乏而力求获得满足的心理倾向,它是有机体自身和外部生活条件的要求在头脑中的反映。美国心理学家亚伯拉罕·马斯洛把需要分为五个层次，即生理需要、安全需要、归属和爱的需要、尊重的需要和自我实现的需要。

1. 生理需要

生理需要是人类维持自身生存的最基本要求，包括呼吸、水、食物、睡眠、生理平衡等。如果这些需要得不到满足，人类的生理机能就无法正常运转。马斯洛认为，只有这些最基本的需要得到满足，其他的需要才能成为新的激励因素。

2. 安全需要

安全需要主要包括人身安全、健康保障、资源所有性、财产所有性、道德保障、工作职位保障、家庭安全。马斯洛认为，整个有机体是一个追求安全的机制，人的感受器官、效应器官、智能和其他能量主要是寻求安全的工具，甚至可以把科学和人生观都看成是满足安全需要的一部分。

3. 归属和爱的需要

这一层次包括对友情、爱情等的需求。人人都希望得到关心和照顾。

4. 尊重的需要

该层次包括对以下事物的需求：自我尊重、信心、成就、对他人尊重、被他人尊重等。

5. 自我实现的需要

该层次包括对以下事物的需求：道德、创造力、自觉性、问题解决能力、公正度、接受现实能力。这是最高层次的需要，它是指实现个体理想、抱负，最大限度发挥个体的能力，达到自我实现境界的人，接受自己也接受他人，解决问题能力增强，自觉性提高，善于独立处事，要求不受打扰地独处，完成与自己的能力相称的一切事情的需要。也就是说，人必须称职，这样才会使他们感到最大的快乐。马斯洛提出，为满足自我实现需要所采取的途径是因人而异的。

(三)价值观

1. 价值观

价值观是指个体对周围的客观事物(包括人、事、物)的意义、重要性的评价和看法。职业价值观就是对与职业有关的内容的重要性的评价。价值观具有相对的稳定性和持久性。在特定的时间、地点、条件下,人们的价值观总是相对稳定的。比如,对某种事物的好坏总有一个看法和评价,在条件不变的情况下,这种看法不会改变。但是,随着人们经济地位的改变,以及人生观和世界观的改变,这种价值观也会随之改变。因此价值观也处于发展变化之中。

2. 职业价值观的影响因素

职业价值观的影响因素有很多,其相关研究都集中于诸如年龄、教育背景、所学专业等个体因素与职业价值观的关系上。

(1)年龄因素。不同年龄的人有不同的社会经验,对其职业价值观有不同的影响。据调查,高年级学生比低年级学生更注重福利待遇,低年级学生更多地选择依靠教师为自己的职业做主,而高年级学生更强调自主。

(2)教育背景。教育背景不同,职业价值观也会不同。文化程度越高的人,职业需求也越高,这些人抱负较高,在职业发展中注重内在价值,希望工作中能施展自身的才能,最大限度发挥自己的潜力,实现自身价值。

(3)所学专业。个体的专业不同也会影响其职业价值观。研究表明,文科大学生对"创造性""同他人合作""稳定性和将来的保障""地位和名声"等职业价值项目看得比理科大学生重。大学生心目中的理想职业与专业有一定关系。

3. 职业价值观与职业行为的关系

职业价值观并不能直接影响职业行为,只能间接影响,起间接的动力作用:价值观在其中规定了行为的目标和标准,但它只能诱发和指导行为,至于表现出什么样的行为还取决于个体的态度以及所处的环境等因素。

（四）能力

1. 能力的概念

能力就是指顺利完成某一活动所必备的心理特征。能力总是和人完成一定的活动联系在一起。离开了具体活动既不能表现人的能力，也不能发展人的能力。

2. 能力的种类

（1）一般能力和特殊能力。一般能力是指观察、记忆、思维、想象等能力，通常也叫智力。它是人们完成任何活动所不可缺少的，是能力中最主要、最一般的部分。特殊能力是指人们从事特殊职业或专业需要的能力。人们从事任何一项专业性活动既需要一般能力，也需要特殊能力。二者的发展也是相互促进的。

（2）流体能力和晶体能力。流体能力是指在信息加工过程和问题解决过程中所体现出来的能力。它较少受学习和环境的影响，主要取决于个人的先天禀赋。晶体能力则是指获得数学、语文等知识的能力，取决于后天的学习。

（3）认知能力、操作能力和社交能力。能力按照它的功能可划分为认知能力、操作能力和社交能力。

认知能力：指接收、加工、储存和应用信息的能力。它是人们成功地完成活动最重要的心理条件。知觉、记忆、注意、思维和想象的能力都被认为是认知能力。美国心理学家加涅提出3种认知能力：言语信息（回答世界是什么的问题的能力）、智慧技能（回答为什么和怎么办的问题的能力）、认知策略（有意识地调节与监控自己的认知加工过程的能力）。

操作能力：指操纵、制作和运动的能力。劳动能力、艺术表现能力、体育运动能力、实验操作能力都被认为是操作能力。操作能力是在操作技能的基础上发展起来的，是顺利掌握操作技能的重要条件。

社交能力：指人们在社会交往活动中所表现出来的能力。组织管理能力、言语感染能力等都被认为是社交能力。在社交能力中包含认知能力和操作能力。

（五）气质

气质是指在人的认识、情感、言语、行动中，心理活动发生时力量的强弱、变化的快慢和均衡程度的大小等稳定的动力特征。它主要表现在情绪体验的快慢、强弱，表现的隐显以及动作的灵敏或迟钝方面。它与日常生活中人们所说的"脾气""性格""性情"等含义相近。

气质一般分为4种类型：胆汁质、多血质、黏液质、抑郁质。胆汁质的特点是直率、热情、精力旺盛、情绪易于冲动、心境变化剧烈等；多血质的特点是活泼、好动、敏感、反应迅速、喜欢与人交往、注意力容易转移、兴趣容易变换等；黏液质的特点是安静、稳重、反应缓慢、沉默寡言、情绪不易外露、善于忍耐等；抑郁质的特点是孤僻、行动迟缓、善于觉察别人不易觉察到的细小事物等。

人的气质本身无好坏之分，气质类型也无好坏之分。在评定人的气质时不能认为一种气质类型是好的，另一种气质类型是坏的。气质不能决定个体的社会价值和成就的高低，但是对职业活动有一些影响。

（六）性格

性格是个体对现实的稳定的态度和习惯化的行为方式。性格的特征主要体现在态度、认知、情绪、意志四个方面。

1. 性格的态度特征

性格的态度特征，是指个体在对现实生活各个方面的态度中表现出来的一般特征。主要有以下三方面：一是对社会、集体和他人的态度特征。属于这方面的特征主要有：公而忘私或假公济私、忠心耿耿或三心二意、善于交际或行为孤僻、热爱集体或自私自利、礼貌待人或粗暴、正直或虚伪、富有同情心或冷酷无情等。二是对工作和学习的态度特征。属于这方面的特征主要有：勤劳或懒惰、认真或马虎、细致或粗心、创新或墨守成规、节俭或浪费等。三是对自己的态度特征。属于这方面的特征主要有：谦虚或骄傲、自尊或自卑、严于律己或放任等。

2. 性格的认知特征

性格的认知特征是指个体在认知活动中表现出来的心理特征。在感知方面，能按照一定的目的任务主动地观察，属于主动观察型，有的则明显地受环境刺激的影响，属于被动观察型；有的倾向于观察对象的细节，属于分析型，有的倾向于观察对象的整体和轮廓，属于综合型；有的倾向于快速感知，属于快速感知型，有的倾向于精确地感知，属于精确感知型。在想象方面，有主动想象和被动想象之分；有广泛想象与狭隘想象之分。在记忆方面，有主动记忆与被动记忆之分；有善于形象记忆与善于抽象记忆之分等。在思维方面，有主动思维与被动思维之分；有独立思考与依赖他人之分等。

3. 性格的情绪特征

性格的情绪特征是指个体在情绪表现方面的心理特征。在情绪的强度方面，有的人情绪强烈，不易于控制；有的人则情绪微弱，易于控制。在情绪的稳定性方面，有人情绪波动性大，情绪变化大；有人则情绪波动性小，较稳定。在情绪的持久性方面，有的人情绪持续时间长，对工作学习的影响大；有的人则情绪持续时间短，对工作学习的影响小。在主导心境方面，有的人经常情绪饱满，处于愉快的情绪状态；有的人则经常郁郁寡欢。

4. 性格的意志特征

性格的意志特征是指个体在调节自己的心理活动时表现出来的心理特征。自觉性、坚定性、果断性、自制力等是主要的意志特征。自觉性是指在行动之前有明确的目的，事先确定行动步骤、方法，并且在行动过程中能克服困难，始终如一地执行。与之相反的是盲从或独断专行。坚定性是指能采取一定的方法克服困难，以实现自己的目标。与坚定性相反的是执拗性和动摇性，前者不会采取有效的方法，一味地我行我素；后者则是轻易改变或放弃自己的计划。果断性是指善于在复杂的情境中辨别是非，迅速作出正确的决定。与果断性相反的是优柔寡断或武断、冒失。自制力是指善于控制自己的行为和情绪。与自制力相反的是任性。

二、自我认知的方法

前面已经掌握了从哪个方面来认识自己、了解自己，但是这只是第一步，接下来就要明确通过什么样的方法使对自我的认识更科学、更准确，下面介绍一下认识自我的主要方法。

（一）个体角度

1. 自我观察

自我认知的一个重要途径是通过观察、分析自己的行为，来了解自己的真实想法、态度，以及真实的内心感受。当不知道自己为什么这么想的时候，可以通过观察自己的行为来确定自己的所思所想。在现实中这种例子是很多的，比如可以通过自己最喜欢的朋友的性格，来确定自己性格中的某些特质；可以通过自己内心最喜欢干的事情，来确定自己内心的真实需要。

2. 自我内省

上面所说的是通过自己的外在行为了解自己内心的真实想法。与之相反的是"内省"。内省是个体向自己内部寻求答案的心理活动过程，直接考虑自己的态度、情感和动机。一个人内心的真实感受，有时只有自己才是最清楚的，即人们常说的自己最了解自己。因此在现实中更多的是通过心理内部的线索来确定自己的想法、态度、情绪等，来了解自己的真实感受。只有内部线索很微弱或不确定时，才会借助外部行为来推断自己的特征。一般来讲，内省所得出的结论比通过外显行为所得到的更加真实、可靠，因为它较少受到外部的影响和压力。

应该学会每天问自己几个问题：

（1）我拥有什么？通常人们会为自己没有的东西而苦恼，却看不到自己拥有的，如视觉、听觉、嗅觉、触觉、味觉等。如果能时常走出哀怨，这样就可以看到什么是现在拥有的。

（2）我应对什么心存感激？每天都有很多事情让人为之心存感激，同时也有很多人值得感谢，因为他们在无形中帮助大家成长，此外生活的每一天都是很珍贵的。

（3）我怎样过好今天？做些与往常不一样的事情。如走出常规，学会享受生活，学会重视自己的健康，学会爱和被爱，生活会是非常丰富多彩的。重要的是，要敢于创造和创新。

不要认为这些都是"听起来不错"的建议，也不要认为生活很难是这样的。其实，每天的生活都不是想象中的那样。是让生活过得索然无味，还是积极向上，决定权就在自己手中。

（二）社会角度

1. 通过他人的反馈

人们获得自我认知的另一种方式就是从他人的反馈中了解自己。美国社会学家查尔斯·霍顿·库利（C.H.Cooley）1902年首先提出了"镜中我"的概念，他人的反馈就像一面镜子，在他人的眼中看到自己，了解自己。经常被教师表扬的学生，很自然地就认为自己是好学生；经常被批评的学生当然就认为自己是不好的学生，这就是他人反馈的作用。

2. 通过社会比较

最先对社会比较进行研究的是费斯廷格（LeonFestinger）。他假定人们具有想要知道自己真正样子的需要，因而他们可以通过将自己和他人进行比较来满足这种需要。人的根本属性是社会性，因此在现实生活中，人们会自觉不自觉地将自己与他人进行比较，并通过比较来了解自己。

3. 橱窗法

心理学家们就曾将对个体的了解比作橱窗，为便于理解，把橱窗放在直角坐标中加以分析。坐标横轴正向表示别人知道，横轴负向表示别人不知道；纵轴正向表示自己知道，纵轴负向表示自己不知道，如图2-1所示。

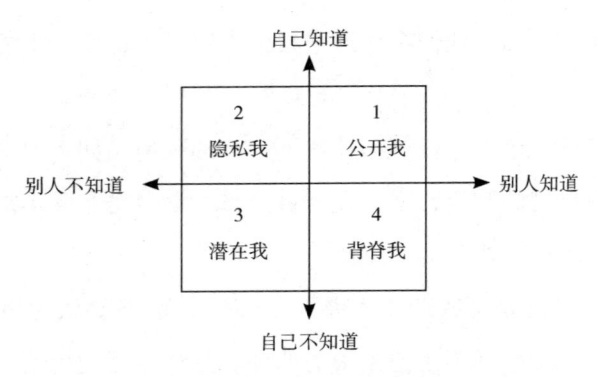

```
           自己知道
            ↑
    ┌───────┼───────┐
    │   2   │   1   │
    │ 隐私我 │ 公开我 │
别人不知道 ←─┼───────┼─→ 别人知道
    │   3   │   4   │
    │ 潜在我 │ 背脊我 │
    └───────┼───────┘
            ↓
          自己不知道
```

图 2-1　自我认知橱窗图

通过表 2-1 中的四个橱窗可知，须加强了解的是橱窗 3 和橱窗 4。橱窗 3 是"潜在我"。科学家研究发现，个体都有巨大的潜能，人类平常只发挥了极小部分的大脑功能。如果一个人能发挥一半的大脑功能，将轻易地学会 40 种语言，背整套百科全书，拿十二个博士学位。著名心理学家奥托指出，一个人一生所发挥出来的能力，只占他全部能力的 4%，也就是说一个人 96% 的能力还未开发。赫赫有名的控制论奠基人维纳说："可以完全有把握地说，即使是做出了辉煌成就的人，在他的一生中利用他自己的大脑潜能还不到百亿分之一。"

表 2-1　自我认知橱窗表

橱窗 1	公开我	个体外在的部分	自己知道，别人知道的
橱窗 2	隐私我	个体内在的部分	自己知道，别人不知道的
橱窗 3	潜在我	有待开发的部分	自己不知道，别人也不知道的
橱窗 4	背脊我	自己看不到，但别人很清楚的部分	自己不知道，别人知道的

橱窗 4 是"背脊我"。如果自己诚恳地真心实意地征询他人的意见和看法，就不难了解"背脊我"。可以采取同自己的家人、朋友、同事等交流的方式，借助录音、录像设备，尽量开诚布公。要做到这一点，需要开阔的胸怀，确实能够正确对待，有则改之，无则加勉，否则，别人是不会说实话的。

对于橱窗 2，可以采取写自传或日记的方式来了解自我。写自传，可以了解自身成长的大致经历和自我计划情况等，日记可以每天作对比。

(三)测验角度

心理测验是一种测量的技术。心理学家常用心理测验来测量评估人们的某种行为,将其作为判断个体心理差异的工具,心理测验实际上就是行为样本客观的、标准化的测量。

心理测验使用的各种工具称为量表。编制心理测验量表的材料,一般都是经过科学方法慎重选择的,能够反映人们某些心理行为特点的问题或任务。把这些材料用标准化的方法加以组织编制,进行对行为样本的测查和统计处理,就形成一种"常模"。这种常模就像一种"标尺"。

现代流行的各种心理测验量表很多,据调查统计,仅以英语发表的就已超过5000种之多。1989年出版的《心理测验年鉴》第10版收集了常用的各种心理测验量表有近1800种。每年几乎都有新的量表出现。尽管心理测验的种类繁多,但可以从不同的角度将其归纳为几种类型(见表2-2)。

表2-2 心理测验分类

	按测验内容归类
智力测验	这类测验的主要功能是测量人的一般智力水平。如 Binet-Simon 智力量表、Stanford-Binet 智力量表、Wechsler 成人智力量表及 Raven 测验等,都是现代常用的著名智力测量工具,用于测量人的智力,评估人的智力水平
特殊能力测验	智力测验可检查人的一般智力,而特殊能力测验则检查人的某一特殊的能力。如测量人的音乐能力、运动能力等
成就测验	这类测验的主要功能是测量人的学习效果及教育、培训目标实现的程度,如有关知识、理解、应用、分析、综合和评价等方面的测验量表,都是属于这一类的
人格测验	根据心理学对人格的理解和看法,对个体的人格进行测量和评估,这类测验的功能就是按这种要求对个体的人格特征进行测验。因为心理学界对人格的看法不尽一致,有关人格的测验方法也就不能统一。一般有两类,一类是问卷法,另一类是投射法。这两种测验可以在使用中相互印证
	按测验目的归类
描述性测验	这类测验的目的在于对人的能力、性格、兴趣、知识水平等进行描述、分析,进行某种评价
诊断性测验	这类测验的目的在于对人的某种心理功能或行为特征及障碍进行评估和判断,以确定其性质或程度
提示性测验	这类测验的目的在于从测验的结果判断被测验者未来可能出现的心理倾向或能力水平

续表

	按测验材料归类
文字测验	这类测验通常由文字项目组成，用文字说明做法和做出回答。Minnesota 多相人格调查表、Eysenck 人格问卷及 Wechsler 成人智力量表中的言语量表部分等均属于文字测验
非文字测验	这类测验的项目多由实物、图片、模型之类的直观材料制作组成，测验也多以操作方式进行。如 Rorschach 墨迹图、Raven 测验及 Wechsler 成人智力量表中的操作量表部分均属于非文字测验
	按测验方法归类
问卷测验	这类测验是将文字组成的各种问题（项目）呈现给被测验者，并了解、分析其应答的结果
投射测验	这类测验是用由没有明确意义和比较模糊不清的图片、照片、云图或填充题等构成的测验项目，观察被测验者的反应
操作测验	这类测验是用实物或模型工具所构成的测验项目，让被测验者操作，观察其完成动作的速度和特点及准确性
	按测验形式归类
个别测验	指每次测验过程是以一对一的形式来进行的。通常只选取一个被测验者作为测验的对象。这是临床心理诊断测验中最常用的测验形式
团体测验	指每次测验过程中由一个或几个测验者对数量较多的被测验者（一个群体）同时实施测验。这种测验形式一般用于广泛的心理健康调查，而在临床诊断测验中不太适用

在各种心理测验量表中，有些适用于个别测验，有些适用于团体测验，有些则适用于两种测验形式，需视测验的目的和要求而定。

第三节　职业测评

权，然后知轻重；度，然后知长短，物皆然，心尤甚。心理测验就是用量化的方式，通过对人的行为反应测量，来确定人的心理反应，即依据一定的心理学理论，使用一定的操作程序，对人的行为确定出一种数量化的价值的过程。

一、职业测评概述

（一）职业测评的特性

1. 间接性

人的心理无法直接测量，只能通过被测量人的外显行为，即通过个体对测验题目的反应来推测他的心理特质。所谓特质是指在遗传与环境影响下，个体对刺激进行反应的一种内在倾向。它是个体特有的（与他人不同）、稳定的（表现于多种情况）、可辨别（可与其他特征分开）的特征，但它又是一个抽象的产物，一个构想，而不是一个被直接测量到的、有实体的个体特点。由于特质是从行为模式中推论出来的，所以，心理测量永远是间接的。

2. 相对性

对人的行为作比较，没有绝对的零点，只是一个连续的行为序列。测量就是看个体在这个序列处于什么位置，由此测得个体智力的高低、兴趣的大小。其结果是与所在团体的大多数人的行为或某种人为确定的标准相比较而言的。

3. 客观性

测量的客观性实际上是测量的标准化问题。测量工具必须标准化，这是对一切测量的共同要求。秦始皇的"车同轨"、统一度量衡等改革措施，实际上是早期的标准化工作。现代工业化、信息化社会各个行业的标准其实质也是为了标准化。但是，在一切心理测量中，要控制的变量比物理测量要多得多，要做到客观很不容易。

职业心理测验是心理测验的一种，是心理测验在职业领域的应用。

（二）职业测评的功能

职业测评主要有诊断、预测、比较和发展等几个方面的功能。

1. 诊断功能

标准化测评工具测评的结果能够帮助大学生准确诊断和评估个体能力的优

势和劣势、是否具备某种职业技能、是否需要接受某种职业培训或是否需要参加某种干预性训练，以及个体的自我意识水平等。这些测验包括成就类测验、能力倾向类测验、兴趣、价值观、人格、决策风格、生涯决策等方面的测验。

2. 预测功能

预测功能是指测评结果可用来预测个体未来的工作表现，把现有工作表现优秀的群体作为预测的参照效标。这类评估工具，与那些主要测量个体经验与能力的测验，以及用于测定个体对某种知识和技能已经掌握的水平的成就测验不同，它们能够测量到与某个职业特别相关的能力，即那些最能决定个体是否可以在某个职业领域取得成功的技能。

3. 比较功能

将个体的一些特性，诸如能力、兴趣、价值观等，与常模群体进行比较，这是职业咨询中测评工具发挥作用的一个重要方面。比如，个体通过与在某一职业领域工作的群体进行比较，发现自己的兴趣、价值观的差异和特点。它按照职业建立了不同的常模群体，测评报告中，提供了个体与不同职业群体比较之后的结论。

4. 发展功能

个体的职业生涯发展是一个连续不断的过程。标准化的测评结果能够激发个体进一步学习的动机，帮助个体意识到生涯发展过程中一些值得探索或者进一步发展的机会。将测评结果中关于个体价值观、兴趣、技能等的描述，与个体喜欢的生活方式建立联系，能够发挥测验功能。

在实际的职业咨询工作中可以根据个体不同的发展阶段以及需要，对个体实施不同的测验，侧重于发挥测验的某个或多个功能。

（三）职业测评的用途

1. 职业探索

通过对个体的兴趣、能力、个性和价值观等的了解，探索职业发展的各种可能性选择。

2. 职业决策

通过了解个体的决策风格，寻找阻碍个体做出决策的障碍性因素，帮助个体做出科学有效的决策。

3. 教育规划

通过测评了解现在的状态，并在此基础上，确定进一步深造的需要和可能会出现的问题。

4. 培训规划

挖掘个体参加培训的需要，了解个体比较理想的学习新技能的方式。

5. 职业适应

提升职业适应性和对未来职业的满意度。

（四）标准化职业测评工具的选择

当前，能够运用的测评工具有上百种，包括兴趣和能力测验、人格和价值观量表，部分量表已经经过国内取样修订。选择测评工具必须要考虑以下几个方面的因素。

1. 效度

效度是指测验真正能测量到它所要测量的属性的程度。在职业生涯领域，通常是指如果一个工具显示个体对某个特定的职业具有强烈的兴趣，那么其真实程度如何。一般，测验工具的效度信息可以通过各种方式得到，例如，查看它对被测者行为和满意度的预测程度，这是测验的预测效度；查看它与理论结构和关系的契合程度，以及它与理论上差异较大的测量之间的不相关程度等，这是测验的结构效度。

2. 信度

考察信度主要是看该测量工具的稳定性随时间的变化如何。如果进行两次施测，中间间隔3个星期，来访学生的经历没有什么变化，是否能够得到几乎同样的分数。这个属性在职业评估中很重要。如果测验的信度差，就会导致一个来访学生在某个星期被告知她对心理学家感兴趣，下一星期被告知对收税员感兴趣，那么这些数据对于她是没有帮助的，甚至对测验产生一些偏见或误解。

3.常模

考察将要接受测验的来访学生与常模人群的相似性。例如，如果一个工具是利用大学生群体发展出来的，将它用于其他群体时，就应该考虑到该工具对于这个群体的有效性。

除了考虑效度、信度、常模外，在选择评估工具时，还应考虑其他方面的因素和更广泛的标准。比如，如果选择的测评工具是用于测定一大群学生，而不是某一个别学生时，那么，就需要考虑测试的成本、施测时间、计分和报告结果的简便性以及结果对来访学生的有用性等问题。

二、常用的标准化职业测评工具

（一）职业兴趣测验

1.霍兰德职业兴趣测验

霍兰德职业兴趣测验是根据美国职业指导专家霍兰德的职业兴趣理论编制而成。霍兰德的理论注重个体特质与未来工作世界的配合，大学生得到一组测验结果后，可借助一些明确的方向继续进行职业或生涯的探索，因而有利于引导个体走向一个主动积极的动态探索过程。而且，个体是有所依据地在某特定职业群里进行探索行动，提供给个体的是与个体兴趣相近而内容互有关联的多种职业，这样可避免冒险地去建议个体只选择一种职业。

自我指导探测系统（SDS）就是霍兰德根据职业类型设计的，用于个体对自己的职业类型自我施测、自我记分、自我解释。整个量表分四部分，共228道题。内容分别包括活动（即人们喜欢从事的活动）、能力（即人们在这六个维度中能干什么）、职业（即喜欢六个维度的哪些职业）和能力自评（也是六个维度的能力）。被试通过回答问卷，汇总计算，可以得到其在六个方面的得分，其中得分最高的三个方面构成了被试的个性类型模式，并用三个字母来表示，如 RIE、AIS 等。

根据测查得到的个体的个性类型模式及受教育水平，对照"就业指南"，就可以得到一组最适合自己个性类型的职业。"就业指南"中列出了 414 种不同职业、从事这些职业的人的典型个性类型模式以及一般的受教育水平。

2. 爱德华个体偏好测验

爱德华个体偏好量表（Edward Personal Preference Schedule，EPPS）是美国心理学家爱德华（A. L. Edwards）以莫瑞（H. A. MURRY）的十五种人类需要理论为基础编制的。各分量表的项目针对这个理论的十五种人类需要。

（1）成就需要（ach）：主要描述了实际行动中表现出的对成就的渴望和追求。

（2）顺从需要（def）：主要描述了做决定时乐于受别人影响的倾向。

（3）秩序需要（ord）：主要描述了办事喜欢组织性或者计划性的倾向。

（4）表现需要（exh）：主要描述了喜欢引起别人关注的倾向。

（5）自主需要（aut）：反映了自我决定或者易受别人影响的倾向。

（6）亲和需要（aff）：主要描述了对友情或者亲密关系的渴望程度。

（7）省察需要（int）：主要描述了喜欢自我反省的倾向。

（8）求助需要（sue）：主要测试了喜欢求助的倾向。

（9）支配需要（dom）：主要描述了喜欢自我决定和希望成为团体领导者的倾向。

（10）谦卑需要（aba）：主要描述了喜欢自我贬低的倾向。

（11）慈善需要（nur）：主要描述了喜欢帮助他人的倾向。

（12）变异需要（chg）：主要描述了喜欢尝试新体验的倾向。

（13）坚持需要（end）：主要描述了办事喜欢坚持到底的倾向。

（14）异性恋需要（het）：主要描述了喜欢接触异性的倾向。

（15）攻击需要（agg）：主要描述了喜欢主动出击的倾向。

爱德华个体偏好量表是由这十五种需要量表和一个稳定性量表组成的，整个测验共有 225 对由叙述组成的题目，其中有 15 个题目重复两次。适用于高中生、大学生及一般有阅读能力的成人。测验时间需要 40–50 分钟，可以团体施测。

3. 教师职业的兴趣要求

（1）教师兴趣对学生兴趣的影响。教师对学生兴趣的影响主要体现在：学习动力激发、视野拓展、情感联结与榜样、社会交往与团队协作四个方面。教师对学科的浓厚兴趣能够感染学生，使学生感受到学科的魅力，从而激发学生的学习兴趣和好奇心，使学习成为一种内在驱动的行为；教师广泛的兴趣爱好能够将更多元化的知识和视角引入课堂，帮助学生跳出课本限制，拓宽视野，增加跨学科学习的机会，培养学生的综合素质；教师展现的真实兴趣和热情能够增进与学生之间的情感联结，学生倾向于模仿教师的行为和态度，有利于培养学生积极向上、热爱生活的人生态度；对社群活动、团队合作感兴趣的教师，通常会组织丰富多彩的集体活动，这不仅能增进师生间的关系，还能培养学生的社交能力和团队精神；教师对心理健康和情绪管理的兴趣能够帮助学生更好地认识和调节自身情绪，形成健康的心理状态，有利于学生的长期发展。

（2）教师职业对教师兴趣的要求有以下六种。

a. 对学科内容的深厚热情。教师需对所教学科拥有持久的好奇心与探究欲，愿意不断深化自己的专业知识，紧跟学科前沿动态。例如，科学教师热爱实验创新，语文教师醉心于文学作品的赏析与创作教育理论与实践的结合。

b. 对教育学、心理学理论的兴趣。可以促使教师不断探索更有效的教学方法，理解学生心理发展状态，灵活运用理论指导课堂实践。

c. 乐于技术融合与教育创新。对教育技术的探索与应用表现出浓厚兴趣，如数字化教学工具、智能评估系统等，用于提升教学互动性和个性化学习体验。

d. 乐于终身学习与专业发展。具有自我提升的内驱力，积极参与各类研修、工作坊，对新教育理念和技术持开放态度，不断丰富和完善自身的教学技能。

e. 乐于社群参与与合作交流。乐于与其他教育工作者、家长及社区成员建立联系，共同参与教育活动，展现对构建教育生态系统的热情。

f. 对文化多样性、艺术欣赏的兴趣。多元文化的包容，对美的追求能够丰富教师的教学内容，提升课堂的文化底蕴，激发学生的创造力和审美情趣。

（二）职业人格测验

职业人格测验就是对在人的行为中起稳定作用的心理特质和行为倾向进行定量分析，以便进一步预测个体的未来的工作绩效。下面主要介绍 16PF、MBTI 和 NEO 这几种目前应用最广泛的人格类型测验。

1. 卡特尔 16 种人格因素测验

卡特尔 16 种人格因素测验，简称 16PF，是美国伊利诺州立大学人格及能力测验研究所卡特尔教授（R.B.Cattell）经过几十年的系统观察和科学实验，以及用因素分析统计法慎重确定和编制而成的一种精确的测验。这一测验能以约 45 分钟的时间测量出 16 种主要人格特征。该测验在国际上颇有影响，具有较高的效度和信度，广泛应用于人格测评、人才选拔、心理咨询和职业咨询等工作领域，已于 1979 年引入国内并由专业机构修订为中文版。

16 种人格因素是各自独立的，相互之间的相关度极小，每一种因素的测量都能对被试某一方面的人格特征有清晰而独特的认识，更能对被试人格的 16 种不同因素的组合作出综合性的了解，从而全面评价其人格，了解所适合的职业（见表 2-3）。

表 2-3　迈尔斯－布雷格斯类型指示量表

因素	低分者的特征	高分者的特征
因素 A：乐群性	缄默，孤独，冷淡	外向，热情，乐群
因素 B：聪慧性	思想迟钝，学识浅薄，抽象思考能力弱	聪明，富有才识，善于抽象思考
因素 C：稳定性	情绪激动，易烦恼	情绪稳定而成熟
因素 E：恃强性	谦逊，顺从，通融，恭顺	好强，固执，独立，积极
因素 F：兴奋性	严肃审慎，冷静	轻松兴奋，随遇而安
因素 G：有恒性	寡言苟且敷衍，缺乏奉公守法精神	负责，做事尽职
因素 H：敢为性	畏怯退缩，缺乏自信心	冒险敢为，少有顾虑

续表

因素	低分者的特征	高分者的特征
因素 I：敏感性	理智，着重现实	敏感，感情用事
因素 L：怀疑性	信赖随和，易与人相处现实	怀疑，刚愎
因素 M：幻想性	合乎成规，力求妥善合理	狂放任性
因素 N：世故性	坦白直率，天真安详	精明能干
因素 O：忧虑性	沉着，通常有自信心	忧虑抑郁，易烦恼
因素 Q1：实验性	保守，尊重传统观念与行为标准	自由，不拘泥于现实
因素 Q2：独立性	依赖，随群附和	自立自强，当机立断
因素 Q3：自律性	矛盾冲突，不顾大体	知己知彼，自律严谨
因素 Q4：紧张性	心平气和，闲散宁静	紧张困扰，激动挣扎

迈尔斯－布雷格斯类型指示量表（Myers-Briggs Type Indicator，MBTI）是在荣格的心理类型理论基础上，由 Myers 和 Briggs 母女俩于 1962 年编制的一种自陈式人格测评工具。编制的目的是通过对人格维度的曲量，了解人格类型的偏好倾向。MBTI 采用的是强迫选择式作答方式。

该量表包括 4 个维度：①能量投入方式：外倾 E—内倾 I；②获取信息方式：感觉 S—直觉 N；③决策方式：思考 T—情感 F；④行为方式：判断 J—知觉 P。每个体格维度都有两种不同的功能形式，八个方向的不同组合就构成了 16 种人格类型，每种类型对应一套行为特征和价值观。

MBTI 测验建立在心理类型理论上，对于个体获知信息的方式、做出判断的方式等影响到团队绩效的人格心理因素能够进行测量，获取最真实、最可靠的个体人格信息，在职业心理研究与职业指导中有利于组织中个体人格的自我发展和团队建设。但由于 MBTI 要求对每一位测评师都必须经过严格认证和系统培训，对实际操作能力和理论知识要求很高，因此，其应用和实测受到了一定的限制。我们通过网上的测试呈现的所谓 I 人、E 人的倾向只可以作为一种参考，对于测试结果的解释还要请专业的人士一同评估会更加科学。

2. 大五人格测验

大五人格测验（NEO）是由科斯塔和马克雷（Costa&McCrae）1985 年根据

大五人格结构理论编制的人格五因素问卷。他们最终构建了一个由5个维度、30个层面（每个维度含6个层面）、240个项目（每个层面含8个项目）组成的综合性人格问卷。这5个维度即外向性（E）、经验的开放性（O）、宜人性（A）、责任心（C）和神经质（N）。这5个维度组成"ocean"，被称为人格的"海洋"。

项目内容涉及行为、兴趣、心理幸福和典型的应对风格。每个项目采用5级评分：①表示完全不符；②表示不太符合；③表示不好确定；④表示有些符合；⑤表示非常符合。要求被试指出每个句子表示他们自身特点的程度。除此之外，被试还有为每个维度量表设置的6个测量特质水平的层面量表得分，这些层面量表提供了有关五大因素的每个因素内的行为的更大区分性。

3. 教师职业的人格要求

（1）教师人格对教育教学的影响。首先，教师人格对学生健康人格形成的影响。教师的个性品质对学生有潜移默化的作用，教师开朗、乐观、富有爱心、有责任感的个性品质，有助于学生形成相应的个性品质。教师的言谈举止、情绪反应方式都可能成为学生模仿的对象，从而潜移默化地影响学生待人处事的方式、学习态度和对自己的看法。有研究指出教师个性结构中的道德品质、情感特征、领导作风、认知风格、健康的心理等特点会对小学生产生深远的影响。

其次，教师人格对教学效果的影响。在课堂教学中，教师对学生的尊重、理解、激励和悉心引导，可减轻或消除学生的心理压力，创造温馨、和谐的学习环境，促进师生互动，提高学生的学习效率，促进学生自信心的形成，激发学生的学习动机。有研究表明，小学教师的某些人格特征与学生成绩有着较高相关，而且此相关要高于教师年龄、学历与学生学业成绩的相关。

（2）教师职业对教师人格的要求。教师职业对教师人格有特殊的要求，从教者应具备基本的教师职业人格特征，才能胜任教育工作。对教师人格特征的了解，有利于教师的选聘和培训，有利于教师自觉地培养自己的职业人格特征，以适合教师角色的需要。

从各种就业者十六种人格因素轮廓图中可以看出，中小学教师应具备较高的A（乐群）、C（稳定）、H（敢为）、I（敏感）因素和较低的G（有恒）、L（怀疑）、O（忧虑）、Q1（实验）、Q2（独立）因素。万云英调查了高中生、中专生、大学生心目中理想教师的性格特征。按重要性排在前五位的是：a. 平易近人；b. 没有偏见；c. 关心学生；d. 态度认真；e. 要求严格。解千秋等的调查结果显示，学生喜欢的教师的前五种品质为：a. 热爱、同情、尊重学生；b. 知识广博，肯教人；c. 耐心温和，容易接近；d. 对学生实事求是，严格要求；e. 教学方法好。于之奇对优秀中学教师与高师生个性特征的比较研究发现：情绪稳定、有恒负责、现实合乎成规、自主、当机立断、心平气和、自律严谨是优秀中学教师具有的良好个性品质。怀特（Witty）调查发现，有效能的教师具有的位于前五位的个性品质是：a. 合作、民主；b. 仁慈、体谅；c. 能忍耐；d. 兴趣广泛；e. 和蔼可亲。拉什顿（Rushton）等人通过对教师讲课效果的等级评价，认为成功教师具有四个人格维度：成就趋向、人际趋向、魅力和组织才能。盖兹达（G.M.Gazda）等人曾将教师人格特征的研究加以综合考察，指出教师品质应包括：提高别人的学习能力，增强他们的自尊心与自信心，缓和他们的焦虑感，提高他们的果断性，以及形成并巩固他们待人处世的积极态度等。美国哈佛大学教授帕尔默（F.H.Palmer）认为理想的教师应具有：a. 高度的同情心；b. 丰富的学识；c. 激励学生的能力；d. 淡泊宁静的人生观。美国教育家赛尔（Saier）认为理想教师人格应包括：a. 坦白；b. 忠诚；c. 同情；d. 牺牲；e. 乐观。综合以上研究，我们把教师应具有的人格特征概括为：在能力方面，学识渊博，教学方法好；在气质和性格方面，热情开朗、诚实谦逊、和蔼可亲、乐观、情绪稳定；在活动倾向性方面，兴趣广泛，关心、热爱、尊重学生，教学态度认真，严格要求学生。

（三）职业价值观测验

在生涯发展领域里，与价值观相关的量表可以分为两类：测量工作价值观的量表；测量与生活方式等更为广泛的方面相关的价值观的量表。

工作价值观量表用于测量与工作成就和工作满意度等相关的价值观。在生涯探索中，价值观被认为是最应该被优先考虑的信息之一。而第二类测量则把价值观置于一个更大的范围内进行测量，它与个体对工作和生活的需要以及满意与否相关。因此，两种类型的量表都可以为人们提供信息，以明晰个体对工作、家庭和休闲等方面的需要。

1. 职业价值观量表

职业价值观量表（Work Value Inventory，WVI）是由舒伯（1970）和他的同事开发出来的一个包括3个维度、15个因子的价值观量表，这个量表可以了解人们对于工作的各项特征的重要性的优先顺序。

这3个维度和15个因子是：

（1）内在价值维度，指与职业本身性质有关的因素，即工作本身的一些特征，它包括7个因子，分别是：

a. 智力激发：能够在工作中充分运用自己的智力，如逻辑推理能力、空间能力等；

b. 利他性：能够帮助他人成长、发展或带给他人福利；

c. 创造性：产生新的想法并努力实现；

d. 独立性：能够自主地安排工作；

e. 美感：能在工作中获得和谐、美的体验；

f. 成就：工作能够带来成就感；

g. 管理：对他人施加影响，领导和激励他人一起工作。

（2）外在价值维度，指与工作内容无关的外部因素，即工作的环境，它包括4个因子，分别是：

a. 工作环境：主要指工作的物理环境，如室内还是室外、空间、温度、照明等；

b. 同事关系：指工作中与同事的关系，如竞争性的同事关系或者合作式的同事关系；

c. 监督关系：主要指上级的管理方式，如权威式或者民主式等；

d. 变动性：工作的环境如地点、同事、领导等是否经常变化。

（3）工作报酬维度，指在职业活动中能获得的因素，它包括4个因子，分别是：

a. 声望：职业在社会上是否得到尊重；

b. 安全性：职业是否有较高的稳定性；

c. 经济报酬：工资、奖金、福利待遇等；

d. 生活方式：工作对个体生活的影响。

2. 教师职业的价值观要求

（1）教师价值观对学生的影响。教师的价值观对学生的影响是深刻且长远的，它们如同隐形的指南针，潜移默化地指引着学生的行为模式、决策过程以及世界观的形成。以下是几个关键方面的影响：

a. 道德观念的塑造。教师通过自己的言行举止传递诚信、尊重、责任感等基本道德原则，学生在模仿与学习中内化这些价值观念，形成稳定的是非判断标准。

b. 社会行为模式。教师展现的合作精神、公平竞争、公民责任感等价值观，有助于学生建立积极的社会互动模式，学会在团体中和谐相处，尊重差异，为社会贡献正能量。

c. 工作与学习态度。教师对待工作的严谨态度、持续学习的热情直接影响学生对学习的看法和态度。勤奋、自律、追求卓越的价值导向能够激励学生设定目标并为之努力。

d. 多元文化的接纳与尊重。在全球化的今天，教师对多元文化的理解和尊重尤为重要。教师的开放态度能够促进学生跨文化交流的能力，培养全球视野，增强文化包容性。

e. 情感与同理心的发展。教师在日常教育中体现出的同情心、理解和支持，能教会学生如何关爱他人、倾听与共情，这对于培养学生的社会情感智力至关重要。

f. 批判性思维与独立性。鼓励学生质疑、分析与创新的教师价值观，能够激发学生的批判性思维能力，促进独立思考，使他们在未来面对复杂情境时能够做出理性判断。

（2）教师职业对教师价值观的要求。教师职业对教师价值观的要求是全面而严格的，这些价值观不仅是教师个人品德的体现，也是教育使命和社会责任的内在要求。以下几点概括了教师职业所期望的核心价值观：

a. 爱岗敬业。教师应当热爱教育事业，对待教学工作充满热情与责任感，致力于学生成长与知识传播，持续提升专业素养。

b. 诚信正直。坚守诚实守信的原则，通过自身行为为学生树立道德楷模，教育学生诚实做人，正直做事。

c. 公平公正。在教育教学及评价过程中，秉持公平公正的态度，尊重每位学生的差异，给予平等的关注与机会。

d. 尊重关爱。关怀学生个体发展，理解并尊重学生的多样性和特殊需求，营造包容、温暖的学习环境。

e. 终身学习。保持对新知的渴望，主动学习先进的教育理念与方法，不断提升自我，适应教育变革。

f. 创新与实践。鼓励创新思维，勇于尝试新的教学方法与技术，将理论知识与实践操作紧密结合，提高教学实效。

g. 社会责任与奉献。认识到教育的社会责任，积极参与社区服务与公益活动，培养学生的社会责任感和公民意识。

h. 国际视野。在全球化背景下，具备国际视野，倡导文化多样性，教育学生理解并尊重不同文化，促进国际交流与理解。

综上所述，教师职业要求教师具备一系列高尚的价值观，这些价值观是引导学生健康成长、促进社会进步的重要基石。

（四）职业能力倾向测验

职业能力倾向测验的作用主要是预测个体在工作或培训中可能取得的成就。此外，它也可以为被评估者指出其在认知能力方面的长处与短处，以在此基础上扬长避短或者做出进一步学习或参加培训的计划和行动。

1. 瑞文推理测验

瑞文推理测验，是由英国心理学家瑞文（J.C.Raven）于1938年设计的一种非文字智力测验。该测验以智力的二因素理论为基础，主要测量一般因素中的推理能力（Deductive），即个体作出理性判断的能力。

瑞文推理测验按其原名可以译为渐进性矩阵图，整个测验一共由60个题目组成，按逐渐增加难度的顺序分成A、B、C、D、E五组，每一组包含12个题目，也按逐渐增加难度的方式排列，分别编号为A1、A2……An；B1、B2……Bn等。每个题目由一幅缺少一小部分的大图案和作为选项的6~8个小图案组成（A组和B组有6个，C组以后有8个），小图案分别编号为1、2……8。

该测验要求受试者根据大图案内图形的某种关系去思考、发现，哪一个小图案填入大图案中缺失的部分最合适，使整个图案形成一个较合理、完整的整体。

瑞文推理测验既可以用于个别测验，也可以用作团体施测，适用年龄为6岁以上。施测很简单，给每个受试者发一个量表和一张答卷纸即可，说明回答方法后，受试者即可开始答卷，大约需要45分钟。最后根据测验分数（满分60分）确定受试者的智力等级，或者换算成受试者的智商值。

2. 一般能力倾向测验

一般能力倾向测验（General Aptitude Test Battery，GATB）是能力测验的一个很好的例子，是由美国劳工部于1947年编制的，目前有十个以上不同语言的版本，被应用于几十个国家。该测验共有12个分测验，其中，8个纸笔测验、4个操作测验，测量9种能力：

（1）智力（G）：一般的学习能力，对说明、指导语等的理解能力，推理判断能力，迅速适应新环境的能力；

（2）言语能力（V）：理解言语的意义及与其关联的概念并有效地掌握它的能力，表达信息和想法的能力；

（3）数理能力（N）：正确、快速地计算、推理；

（4）空间判断能力（S）：对立体图形以及平面图形与立体图形之间关系的理解能力；

（5）形状知觉（P）：对实物或图解的细微部分正确知觉的能力，对细微差别的辨别能力；

（6）书写知觉（Q）：对词、印刷物、票据等细微部分正确知觉的能力，直观地比较辨别词和数字，发现错误或校正的能力；

（7）运动协调（K）：正确迅速地使用眼睛、手指迅速完成作业的能力，使手能跟着眼所看到的东西的运动进行正确控制的能力；

（8）手指灵巧度（F）：能很好地操作细小东西的能力；

（9）手腕灵巧度（M）：灵活地拿取、放置、调换、翻转物体等和手腕的自由活动能力。

3. 行政能力测验

行政能力测验是一种职业能力测试。用来测试应试者与拟任职位相关的知识、技能和能力，考查应试者从事公务员工作所必需具备的一般潜能，是国家公务员考试公共笔试的一部分，主要包括数量关系、判断推理、常识判断、言语理解与表达、资料分析这五个方面。

【拓展阅读】

在兴趣与热爱中实现人生价值

魏书生，男，汉族，1950年5月4日出生于中国河北省沧州地区交河县。1968年参加工作，1974年加入中国共产党，当代著名教育改革家。退休前曾任盘锦市教育局局长、党委书记，现任中国高等教育学会学习科学分会会长、台州书生中学校长、粤港澳大湾区百人讲师团荣誉团长。

1. 热爱阅读，确定人生方向

魏书生从小热爱读书，1965年，15岁的魏书生遇到了对他有重大影响的两本哲学书籍——《辩证唯物主义纲要》《哲学讲义》。对这两本书反复阅读后，魏老师又到各处去收罗与之相关的书籍，进而阅读《马恩列斯论共产主义》、毛泽东的《矛盾论》和《实践论》。在阅读和思考过程中，他最大的收获并非对一个专门的学科产生了热爱，而是在找到哲学的同时，找到了属于自己的独立意志，找到了属于自己的自由思想。1968 年，魏书生被迫到盘锦地区新建农场插队落户，在他人心高气盛、好高骛远时，魏老师为自己确定的总路径，便是博览群书，因为这既与他的兴趣爱好相一致，也是一个人立足社会所必需的思想储备与文化储备。这是魏书生人生阶段最为关键的一环，这一时期的阅读为他的一生的事业奠定了基础：一是对共产主义的追随，二是辩证地看待周围的一切。哲学是百科之王，是关于科学的科学，有了哲学的修养，人才能成为智慧的人，才能有思想、有创新。

2. 善于思索，从兴趣中挖掘教学方法

1969 年 7 月 16 日，魏书生来到陈家大队的红旗小学报到上班，开始了他的教书生涯。红旗小学是一所破败的普通农村学校。教室不足 10 间，教工不足 10 人，除了黑板粉笔和一些破桌烂椅，基本上没有教学用具。可就是这个既在尘世之中又似乎与世隔绝的地方，却成了魏书生的临时天堂。为了增强班集体的凝聚力，他把有限的工资收入几乎都花在了学生身上，买足球、买军棋等。为了使学生的业余生活丰富多彩，他把工作之余的大部分时间交给了学生，一头汗两腿泥地和学生打成一片，给他们以"评书连播"的形式讲《红岩》《烈火金刚》的故事，和他们一起出墙报做手工布置教室开展文体活动，这令魏书生很满足。他的多才多艺吸引了学生，他的真情感染了学生。学生在学习成绩、品德上和在眼界上都有了普遍提升，甚至在身体的协调性和反应能力上，也都有了长足进步。

魏书生热爱跑步，当上班主任的他想带领学生一起，可学生苦于耐力不足，对跑步的热情平平，思索后他找到了方法，把全班学生分成 5 个组：男快组、男慢组、女快组、女慢组、走动组，带领学生逐渐增加跑步的里程。每天下午的第三节课，魏书生带着学生跑出校园，跑向城郊，沿着田间小路，一直跑到六里河大坝。学生们精神振奋，喊着响亮的口号。坚持三年后，学生的身高、体重增加，体质、体能也大大增强，不仅如此，学生在课堂上的专注力提高了不少，对于人生目标也逐渐清晰，在较好完成课内任务的前提下，开始主动自学知识，在课余时间里，孩子们对篮球、排球、足球等体育运动的兴趣越来越强。魏老师不仅传授了知识，更培养了全面发展的学生。

正是源于自己对教育的热爱，对未来人生的清醒认识，魏书生数次给领导写信，放弃企业提干的机会，来到偏远的学校，开启自己的教育事业；正是矢志不渝的读书习惯，做像周恩来总理那样的人的价值导向，魏书生在教育战线躬耕不辍，开创了自己的人生天地。

【发展启示】

魏书生作为我国新时期教育理论与实践相统一的代表人物之一，他用了不到十年的时间，从一个只有初中学历的民办教师成长为全国著名的教育改革家，可谓是教育界的"传奇"。无论是他的成长经历、教学改革、教学思想，还是人格魅力、课堂管理等都对我国中小学教育提供许多新的启示。

1. 热爱是最好的老师

魏书生从1971年11月至1978年2月，在盘锦电机厂工作了6年多的时间里，他以平均半个月一次的频率，用口头和书面两种形式，多次向领导提出申请，要求从事教育工作，要求去学校做一名教师。在不断的争取下，他于1978重新回到了教育岗位，担任初中教学。1978年，魏书生在辽宁省盘山县第三中学当班主任，负责语文教学。对于网上流传的"魏书生先后以书面或口头的形式，提出申请150次之多"的说法，被他笑着否认，称"次数没有那么夸张""谈了一年多，最后领导被感动，批准我离开工厂，同意调转回去教书"。在那个时期，作为企业的骨干地位是远远高于教师的，但是魏老师深知自己的特长所在，兴趣所在，坚持要做老师的目标不动摇，才有了一段教育人的传奇。

2. 尊重个性发展

教师要发展学生的人性与个性。即要引领学生发现人性的美好，要张扬学生的个性。在平时的办公室交流中，经常可以听到老师的抱怨：我们班的×××，真是没救了！而魏老师要告诉我们的是，千万不要轻易地否定一个学生，也不要轻易地放弃一个学生。后进学生也有他们的苦处：上课听不懂得坚持，老师的批评与挖苦得忍着，考试屡考屡败，但还得屡败屡考，从未享受成功的喜悦，却还得每天坚持上学。他常说，学生的缺点背后，往往是他们的优点。作为师范生也有着自己的个性需要，当满足专业发展要求的同时，也应发展自己的个性，或许那就是你在未来职业发展中最闪光的部分。

> **思考与讨论**
>
> 1. 选择科学的测评工具对自己职业倾向进行测评，评估一下自己成为教师的优势与劣势。
> 2. 请采访一位熟悉的教师，了解气质、个性等自身特质对教师发展的影响。

第三章
职业生涯规划的实施

> **学习目标**
> - 掌握职业生涯规划的常用方法。
> - 学会撰写本科职业生涯规划书。
> - 知道教师专业发展不同时期的发展策略与注意事项。

师范教育，是师范生涵养教师专业情意、获取教育教学知识、提高育人能力的重要阶段，这个阶段不仅要继续完成学业，更要完成从校园人向社会人、从受教育向教育者的转换。同时，18-24岁也是一个人的职业探索时期，这个阶段的年轻人通过学习和实践确定自己的职业生涯目标、获得必要的知识和能力，在这个过程中会更加坚定从事教育工作的信心，也有可能对未来发展产生新的期望。总之，师范生掌握一些职业生涯规划的方法，了解职业生涯发展的关键问题，可以提高学生学习的自觉，更好地实现人生理想。

第一节 生涯规划的基本方法

职业生涯规划是对未来的发展进行慎重思考的过程，通过明确未来目标，制定相关规划，在职业生涯中取得成功并实现人生价值。

一、职业生涯自我规划"五步法"

"五步法"是用五个问题指引自己归零思考,通过对根本问题的思考,理清自我的本质。这个方法被许多成功人士采用,取得了很好的效果。"五步法"从问"我是谁"开始,然后一路追问下去,达到明晰自己状况的目的。问题一共有五个:

Who am I?(我是谁?)

What do I want to do?(我想做什么?)

What can I do?(我会做什么?)

What does the environment support or allow me to do?(环境支持或允许我做什么?)

What is my career and life plan?(我的职业与生活规划是什么?)

当一一回答了这五个问题,并从中找到答案的相通点,就有了自我职业生涯规划的基础。感兴趣的同学,现在可以准备一些工具尝试一下。

先找来五张白纸、一块橡皮、一支铅笔;在每张纸的最上边分别写上这五个问题;然后,平复心情,排除干扰,按照顺序,独立地思考每一个问题。

关于第一个问题"我是谁?"回答的要点是:面对自己,可以从自己的性别、受教育程度、家庭背景、性格特征、兴趣爱好等多个方面,对自己进行分析评估。

关于第二个问题"我想做什么?"可以从童年开始追忆,从自己最开始萌生的第一个想做什么的想法开始,然后随着年龄的增长,回忆自己真心想要做的事,并把这些想要做的事,也包括想要做事的环境等信息一一记录下来。

关于第三个问题"我会做什么?"则可以从自己的知识结构、能力基础、成功事例等方面进行记录,当然也可以把自己认为尚未完全开发的潜能一一罗列出来。

关于第四个问题"环境支持或允许我干什么?"则要从外在环境,有本单位、本市区、本省、本国和其他国家,从小向大,只要认为对自己发展有帮助的政治、经济、文化、科技、人口等各方面，都应在考虑范畴之内；在这些环境中，认真想想自己可能从环境中获取什么支持和允许，想清楚后就可以分门别类地一一写下来。

有了前面四个问题的铺垫，在回答第五个问题"我的职业规划是什么？"时就不会那么难了。做法是：把前四张纸和第五张纸一字排开，然后认真比较第一至第四张纸上的答案，将内容相同或相近的答案用一条横线连起来，会得到几条连线，而不与其他连线相交的又处于最上面的线，就是最应该去做的事情，职业生涯就应该以此为方向，并在此方向上以三年为单位，提出近期、中期与远期的目标；再在近期的目标中提出今年的目标；并将今年的目标分解成每季度目标、每月目标、每周目标、每天目标。这样，每天睡前就可以对照自己的目标进行反思，总结当日收获与失误、经验与教训，修正明天的方向与行动，第二天醒过来再总结思考一下就可以投入行动了！

二、SWOT机会分析法

SWOT 分析法最早是由美国旧金山大学的管理学教授在 20 世纪 80 年代初提出来的，是目前最著名最基本的一种机会评估工具。SWOT 分析法对于评估职业发展机会是比较适合的。对自我进行分析，S 代表 strength（优势），W 代表 weakness（劣势），O 代表 opportunity（机会），T 代表 threat（威胁）。其中，S、W 是内部因素，O、T 是外部因素，详情见表 3-1。请逐一分析，并填上自己的分析结果。

表 3-1 SWOT 分析表

优势： 1. 2.	劣势： 1. 2.
威胁： 1. 2.	机会： 1. 2.

（一）优势分析

以前做过什么。即已有的人生成功经历和体验，如在学校期间担任过什么样的职务，曾经参与或组织的实践活动获得过什么样好的效果，获得过的各级奖励有哪些等。这些可以从一个角度反映出个体的综合素质。在自我分析时，要善于利用以往的经验选择，来评估未来的工作方向和机会。

学到了什么。在学校学习期间，从专业学习中获得了什么样的知识、具备了什么样的能力；在各级各类培训中有什么样的新收获，通过自学在什么方面获得了提升；自己在成长中有什么独到的想法和专长。

最成功的有什么。在自己做过的众多事情中，个人认为最成功的是什么，成功的原因是什么，是主观因素多些，还是客观因素多些。通过分析，可以发现自我性格、能力等方面的优势，如坚定、果敢，可以以此为个体深层次挖掘的魅力闪光点和动力之源，这些方面也将是职业规划的重要支撑。

（二）劣势分析

劣势分析的角度可以参照优势分析的维度从相反的方向梳理：如以前失败的事情是什么，导致的原因是什么，自己性格的短板是什么，欠缺的知识能力是什么，在个人经验或经历欠缺的方面等。例如：学师范专业，没有参与完整的学校见习实习，实践经验匮乏；学中文或新闻专业，没有到新闻媒体等相关部门锻炼，缺乏实践经验，等等。这些都是实践工作经验的欠缺。

（三）机会分析

对社会大环境的认识与分析：可以从社会政治、经济、文化、科技、人口等方面的发展趋势分析是否有利于所选职业的发展，具体在哪些方面有利。

对所处环境和拟选择的单位的外部环境分析：目前哪些因素对自己有利，拟要工作的单位在本行业中的地位和发展趋势如何，是否有较好的发展潜力等。

社会关系分析。社会资本是决定个体职业发展的重要资本。人际关系是社会资本的重要组成。大学生需要分析哪些人对自己的职业发展会有帮助，能够提供多大的帮助，会支持帮助多久，如何寻找更多能够提供指导和支持的关系。领导和长辈的提携和支持是加速个人发展的重要机遇，年轻人切不可因为所谓的"面子"而忽视甚至放弃这种支持。事实上，我们提倡的尊师重教也是希望年轻人能以长者为师，谦恭有礼，得到前辈的真心指导。

（四）威胁分析

对所处的环境和以后所要签订的单位的内部各种潜在危机进行分析。从宏观的方面看，所从事的行业前景如何，是否会出现萎缩，甚至被其他行业取代的情况；从微观的方面看，所选择的单位是否会重组或改制，从而发生组织结构的变化，所选择的单位职位结构是否合理，所在的职位有没有取消的可能；该职位的胜任条件是什么，有多少竞争者也在准备应聘这个职位，和那些人相比，自己哪些因素不占优势，等等。

第二节　大学生涯发展规划的制订

规划阶段是职业生涯规划的重要部分，在这一阶段，需要通过个人了解和职业调查，制定自己的就业目标并制订相关的行动规划。

一、大学本科生涯规划

大学是专业教育的重要时期，是个体职业生涯规划的重要阶段，做好大学的职业生涯规划将深刻影响个体一生的职业生涯。以本科生大学规划为例，四个年级由于每个年级所要完成的阶段任务不同，由于各个年级学生特点不一样，需要关注的内容和采取的行动也不尽相同。

（一）大学一年级生涯规划

大学一年级上学期，初入大学的学生面临的最主要的问题是对新环境的适应问题。大学与高中相比，学习方式、生活环境、发展目标、人际关系都发生较大的变化，无论是生活还是学习，对学生的独立性要求都较高。一些没有集体生活经历，个人自理能力较差的同学往往要很长时间才能基本适应大学生活。初入大学的学生正处在青春期后期，个体的独立意识与现实的独立能力还不匹配，往往是自主意识较强，但自理能力较差；自我期望较高，但自制力较差；情感丰富，但理智感不足。中学时代所憧憬的大学美好生活很容易因实际上的差异而引起复杂的心理矛盾，这些内心的冲突和矛盾会在学习生活中反映出来。有些学生还有"船靠码头车到站"的想法，以为经过高考，考上大学就万事俱备了，在学业上自我放松要求，加上大学学习方式的变化、考核标准的不同，学习成绩会有较大的波动。也有一部分同学踌躇满志，在踏入大学的那一刻起，就为自己确立了远大的目标，制订了实现目标的宏伟计划。但是，由于对真实的大学生活还不完全了解，对大学的认识还处在间接经验的基础上，总有些预计不足，面对困难和问题时也会生成挫败感。

该阶段职业生涯的主要目标是适应大学学习生活，实现从高中生向大学生的完满过渡。

规划实施的策略：主动扩大自我探索的空间，实施积极的人际关系策略。大学生可以通过学习《学生手册》等文件，熟悉了解学校各项规章制度，尽快了解大学与高中在生活和学习等方面的差异；可以通过参加学生社团、课外活动等，通过网络、校友、教师等渠道进一步了解专业方向；通过建立与辅导员、班主任、寝室同学、班级同学等新的人际关系，克服孤独感，得到外部的指导和支持。在职业生涯规划方面，树立新的明确的专业学习目标（比如参加社团竞赛、过英语四或六级、拿奖学金等），并将较大的目标分解成小目标。可以借助学校提供的专业的职业测评等工具全面客观地认识自己，发现自身的优势、劣势、兴趣、爱好、性格、能力，自我分析专业学习的适合度。主动学习基本的职业生涯规划理论和方法，充分利用学校的各种资源，参加各类的职业生涯规划活动，尝试撰写大学生职业生涯规划书。

大学一年级下学期，这时的大学生已经有了上半学期的适应，大部分同学可以适应新环境。通过一学期的努力，大学生能够加深对自我的了解以及对专业的认识，确定的发展目标更有可行性。随着部分专业课的开展，大学生能够建立初步的专业学习与职业发展的对应关系，大学生开始有意识地参加一些与专业相关，对职业发展有利的社团活动和学生竞赛。如师范生同学会对演讲比赛、辩论赛等社团活动更加感兴趣，一些有前瞻性的同学开始关注"师范生职业技能大赛"的举办情况，有意识地收集资料，开展训练，待可以参与选拔时，可以脱颖而出。

该阶段职业生涯的主要目标是加深对专业的认识，建立专业与职业的初步联系。

规划实施的策略：认真学习本专业的《培养方案》，明晰专业的培养目标，根据开设的专业课情况，合理安排学习计划。针对培养方案中提出的核心目标，关键能力的培养制订统筹的自我训练方案。建立专业和职业的转化关系，主动探索专业课程目标向职业能力转化的方法。以师范生为例，通过《培养方案》的学习明确师范生毕业的标准和能力要求，及早谋划各层级各学科的教师资格证考试，对教学设计、课堂教学、育人方式等能力开展有计划培养训练。在职业生涯规划方面，进一步探索性格特点与未来职业要求的适应性，并加强外语学习、计算机知识学习，为顺利通过英语四级考试、计算机等级考试做准备，为保证顺利完成学业奠定基础。在专业学习之余，还要多参与学术沙龙、学术报告等活动，主动拓宽自己知识面，培养自我的学术意识和科研精神。

（二）大学二年级生涯规划

经过一年完整的生活学习，大学生已经全面地了解了大学真实的状态，开始有意识地制定个性化的发展方向，建立有选择的朋友关系。同时，从学习角度看，大二阶段也是专业核心课开设较多、学习压力较大的时期。这时的大学生开始关注现实，思考自己的未来。大学生更愿意思考自己的性格、能力适合从事什么样的职业，自己是否会符合专业对应的职业的要求。大学生一方面对未来充满憧憬，另一方面面对激烈的竞争又充满焦虑。这一时期大学生群体开始出现不同发展方向的分化，品学兼优、能力出众的同学开始崭露头角，各种"困难"学生也开始出现。

该阶段职业生涯的主要目标是社会需要与个体需要的结合，找到自己的职业发展方位。

规划实施的策略：深入了解未来职业信息，从职业所从属的行业发展状况、区域的岗位需求、招聘方式、招聘条件、工作内容、工作要求等多方面进行深入调研，确保"知彼"。要认真学好职业生涯规划知识，通过借助专业的职业生涯规划测评工具，请教专业老师等帮助分析自己职业发展的优势、劣势，做到"知己"，并结合专业的建议，做好行动方案。大二的同学可以通过参加校园文化活动、社会实践活动和兼职等工作，培养自己的实践能力，及早地与社会接触，提高自己的社会适应性。比如师范生可以积极参加"师范生技能大赛"等活动，业余时间做家教等。

进入大学二年级下学期，大学生对于自我的认知和社会的了解已经达到了一定的水平，随着专业知识、社会经验的进一步深化，自信心增强，自我独立和愿意展现自我的倾向开始突出，兴趣爱好开始向深度发展，思想变得活跃，除专业学习以外，更希望通过多种渠道接触新的知识领域和丰富业余文化生活。从职业生涯发展的角度看，大学生的职业意识增强，职业目标更加清晰，比较好的找到了自我价值与社会价值结合点，开始主动探求实现自我价值的有效途径。通过前期职业生涯规划的学习和探索，能够确立发展目标，安排培训学习，自我掌控及自我设计的能力都有较大提升。通过参加各种社团和实践活动，综合能力也获得了发展。以师范生为例，有的同学明确毕业就准备参加入编考试，去初中或小学任教，有些同学希望到热点城市工作或到好的学校任教，希望通过提高学历的方式提高自己的竞争力，于是有了继续深造的初步想法。

该阶段职业生涯的主要目标是明确毕业后的具体指向，制定可执行的生涯方案。

规划实施的策略：根据自己的具体情况确定本科毕业直接就业还是要考研究生继续深造。根据确定的最终目标，制订有针对性的发展方案。无论是就业还是考研究生，都要对照相关要求，分析自己存在的短板，有计划地制订能力提升计划。兼顾培养计划要求，做好教师资格证等资格证书、英语四级、六级证书、计算机等级证书等重要证书的考试准备工作，保证就业所需的硬件要求。在校园文化活动和社会实践活动，锻炼自己的各种能力，同时开始检验自己的知识技能，在不断反思中获得提升。大学生在追求扎实专业知识的同时，也要注意知识面的扩展，通过有意识地阅读、参加学术会议等提高个人知识视野以及认识事物的深度。

（三）大学三年级生涯规划

大学三年级上学期是大学生提升自身专业素质的重要阶段，也是大学生思想意识更加成熟、职业理想更加明确的时期。许多人已成为学校各类社团和学生组织的骨干，许多人已具备基本的职业素养。进入大三，也是大学生发展的分化期，由于各自人生愿景的不同，就会出现不同的生涯发展方向。有的同学想继续深造，开始准备考研；有的同学想直接就业，更加关注就业信息，积极争取实习实践机会，利用多种机会，提高自己就业竞争力。

该阶段职业生涯的主要目标是忠于自我选择，踏实践行规划方案。

规划实施的策略：根据自己确定的发展目标，制订周密的行动方案，确保实现各阶段性目标。考研的同学要及早确定目标学校，并搜集报考信息及获取复习资料，统筹好本科学习和考研准备的时间安排。直接就业的同学要更加重视实践能力的训练和职业能力的要求，积极争取实习实践机会。

大学三年级下学期，大学生一般都会参加实习实训，会在岗位实习中发现自己的能力与职位要求之间的距离；发现自己的职业生涯规划与现实社会之间的脱节；发现自身能力的不足之处。在学业方面，更加注重专业的学习和提高，注重与职业相关的关键能力的提升。目标更加具体化，并努力在校内外的实习实训中强化和提高自身的职业能力。

该阶段职业生涯的主要目标是修正职业生涯规划目标，实现个体理想与社会现实的有机结合。

规划实施的策略：再次评估自己毕业后的最终选择，即求职还是考研；再次评估求职的目标城市和目标岗位，分析自己的优势与劣势，判断求职成功的概率。积极关注行业的发展变化，做好职业信息的收集和整理，学习简历的制作及基本的应聘策略，准备参加各类笔试、面试。可以求助成功考研或就业的校友获得更有针对性的帮助。

（四）大学四年级生涯规划

大学四年级上学期，这一阶段的大学生通过三年的专业学习和技能训练，具备了一定的专业理论和专业技能，思维能力、办事能力、创新精神、人际交往能力都得到了相应提高。到了大四，有的找工作、有的考研、有的出国，呈现出多种的选择，但是，大部分学生还是选择直接就业。在择业的过程中，一些毕业生对自己的知识能力估计过高，理想的我与现实的我存在距离；也有的毕业生缺乏面对现实的勇气，存在畏难心理，既渴望成功，又不愿到艰苦的环境中经受磨炼。这些两难的选择时常困扰着大学生，一方面增加了他们的焦虑情绪，另一方面，也由于不能果断取舍而造成在职业选择上错失良机。

该阶段职业生涯的主要目标是保证确立的职业目标具有现实性和可操作性。

规划实施的策略：客观看待自己的能力和资源，在职业目标的选取上、职业理想的基础上要结合现实情况，评估目标的现实性和可操作性。要清晰自我理想职业目标中的关键因素，如收入、地域、社会地位还是发展空间等，适合的工作不能面面俱到，要懂得取舍。寻找现实自我和理想职业人之间的差距，通过培训提升能力。主动研究大学生就业的相关政策及相关程序，充分利用学校举办的各类招聘会求职择业。高度重视应届生身份，积极准备应聘资料，珍惜每一个可以应聘的岗位。

大学四年级下学期，是大学生由学校走向社会的转折期，是大学生开始新的生活的准备期。这个时候的大学生经过择业和考研的洗礼，对社会的需求有了更深刻的认识,找到工作的,对即将开展的职业生涯充满了期待;考上研究生的同学,对新的学习生活也充满了憧憬;那些暂时还没有归宿的同学也会因为大学时代的结束而开始了对未来的思考。站在校园和社会之间的同学们,由于选择的不同,有了不同的去处,大家都更加深刻理解职业对人生发展的意义,都希望自己能够更好适应社会,通过自己的辛勤劳动实现自己的理想,承担社会的责任。

该阶段职业生涯的主要目标是做好身心的调试,准备进入生涯发展新阶段。

规划实施的策略:直接就业同学要及时了解签约单位的文化特点和工作要求,可提前做好上岗的身心准备,有针对性地进行知识、技能的补充训练;继续深造的同学也要及时了解就读学校的学习要求,及早确定研究的方向和学习的计划,特别是要了解指导教师的研究方向和研究领域,争取选到适合自己的指导教师。

二、大学本科生涯规划的制订

(一)大学生生涯规划书的结构

大学生涯规划书的主要内容通常包括以下项目:

(1)题目。包括姓名、年限、年龄跨度、起止日期。

(2)引言。主要写规划的目的以及自己对规划意义的认识。

(3)自身条件及潜力测评结果。

(4)发展环境分析。包括对政治环境、经济环境、学校环境的分析,还包括专业发展前景分析、相关的职业与行业环境分析、所在班级与院系的情况分析。

(5)大学生涯发展方向及总体目标。

(6)目标分解。

(7)检查与反馈。听取老师、亲人、同学、朋友以及其他一些可能了解或帮助自己的人的意见,征询他们对自己大学生涯目标的建设性意见。

（8）缩小差距的方法及实施方案。

（9）后记。

不管是大学生的职业生涯发展设计书还是员工的职业生涯规划书，其实都没有固定的内容与结构，当事人应当从实际出发，实事求是，管用就行。

（二）大学生生涯规划书的类型

撰写大学生生涯发展规划书其实没有固定的格式，它只不过是职业理想、生活理想的文字化和条理化，常见的类型有文字型、图表型。

第一种，文字型。

文字型的生涯发展规划书主要以叙述的方式按照某种逻辑编写。

大学生涯规划书示例

【姓名】朱芳

【规划期限】四年

【起止时间】2022年9月至2026年7月

【年龄跨度】18岁至22岁

【阶段目标】顺利毕业；成为绍兴市的在编教师

【总体目标】成为一位受人尊敬的优秀教师

【个人分析】

（1）优势：对教育事业充满热情，学习能力强，善于沟通，有良好的团队合作精神。在之前的教学实践中展现了耐心与创造力，能够吸引学生注意力，激发学习兴趣。

（2）劣势：缺乏实际教学经验，特别是在课堂管理和复杂教学情境处理方面。同时，对于最新教育政策和技术的了解有待加强。

（3）机遇：随着国家对教育质量的重视及教师待遇的提升，教育行业正迎来更多的发展机遇。特别是绍兴市，作为文化名城，对教育人才的需求持续增长。

（4）挑战：教育行业的竞争激烈，需不断提升自我以脱颖而出。同时，教育改革频繁，要求教师不断适应新教学理念与技术。

【社会环境分析】

（1）教育行业趋势：当前教育行业正向素质教育转型，强调创新能力与个性化教学，信息技术在教育中的应用日益广泛。

（2）地方政策：绍兴市近年来加大对教育的投入，支持教师专业发展，鼓励青年教师参与教学改革项目，提供了良好的职业发展空间。

（3）就业市场：虽然教师岗位竞争激烈，但优秀教师依然供不应求，特别是在STEM（科学、技术、工程和数学）和艺术等特色教育领域。

（4）社会期望：社会对教师的期待不断提高，要求教师不仅是知识的传授者，更是培养学生品格、引导心理健康的重要角色。

【职业分析】

1. 职业特点

（1）知识传授与人才培养：教师承担着传授学科知识、培养学习方法与批判性思维的重任，是学生心智成长与价值观塑造的关键引导者。

（2）情感关怀与心理辅导：优秀的教师不仅是知识的传递者，更是学生情感的支持者和心理健康辅导员。

（3）持续学习与专业发展：教育理念与方法不断更新，要求教师不断参与培训、研究教育理论与实践，以维持教学的前沿性和有效性。

2. 工作环境

（1）学校是教师的主要工作场所，从幼儿园到高等教育机构，不同阶段的教育有着不同的环境与氛围。教师通常需要在固定时间和空间内开展教学活动，但也需在课余时间备课、批改作业、参与会议与培训。

（2）近年来，线上教育的兴起为教师提供了更多元化的工作模式，如远程教学、混合式学习等。

3. 发展前景

（1）随着高质量教育需求的增长，尤其是对STEM（科学、技术、工程、数学）教育、艺术教育及国际教育的重视，特定领域的专业教师需求量大。

（2）教育技术的应用为教师提供了新的教学手段，同时要求教师掌握信息技术技能，以适应智能教育的发展趋势。

（3）社会对教师职业的认可与期待持续上升，教师的社会地位与薪资待遇在某些地区和教育层次有所提升。

4. 所需技能与素质

（1）扎实的专业知识：掌握所教授科目的深厚知识基础。

（2）教育学与心理学知识：理解学生心理，运用有效的教学方法与策略。

（3）沟通与人际交往能力：与学生、家长及同事建立良好的沟通关系。

（4）创新能力：设计富有创意的教学活动，激发学生兴趣。

（5）技术素养：熟练使用教育技术工具，如教学软件、在线平台等。

【目标分解】

1. 第一年（2022年9月至2023年7月）

（1）开展知识构建：专注于核心教育课程，确保所有必修课成绩优异，同时选择与未来教学领域相关的选修课程，提升自己的综合素养。

（2）增加实践经验：加入校内教育社团或志愿者团队，参与支教、辅导等活动，积累初步的教学与学生管理经验。

（3）技能提升：开始学习并准备普通话等级考试与计算机技能证书，这两者对于教师职业至关重要。

（4）拓展社会资源：参加教育行业的讲座与研讨会，建立与教育前辈的联系，了解行业动态。

2. 第二年（2023年9月至2024年7月）

（1）加深专业学习：选择专业方向的高级课程，深化学科知识，同时开始撰写与教育相关的学术论文或项目报告。

（2）提升实践能力：利用暑期或学期中的实践机会，在绍兴市的中小学校进行教育实习，观察并实践现代教学方法。

（3）教师资格考试准备：报名参加教师资格证培训课程，为考试做全面准备。

（4）提高综合能力：争取在学生组织中担任职务，参加可以锻炼展示自己能力的各类竞赛。

3. 第三年（2024年9月至2025年7月）

（1）专业成长与考试准备：继续参与教学实习，争取更多授课机会，同时反思总结，提升教学技巧。

（2）资格认证：参加并通过教师资格考试，获得教师资格证书。

（3）研究与创新：参与教育科研项目，探索教育技术或课程改革的新方向，为将来成为创新型教师打下基础。

（4）求职规划：开始研究绍兴市的教师招聘政策，准备相关材料，了解考试流程与内容。

4. 第四年（2025年9月至2026年7月）

（1）就业冲刺与入职准备：确保所有课程与学分要求达标，准备毕业论文答辩。

（2）应考策略：系统复习教师招聘考试内容，参加模拟考试，提高应试能力。

（3）面试准备：提升个人简历，准备面试技巧，包括教学演示、情景应对等。

（4）成功入职：参加绍兴市的教师招聘，争取成为在编教师，同时制定初入职场的个人发展规划。

【检查和反馈】

1. 教育理论知识定期自评

每学期末，对比教育学、心理学等核心课程的学习成果与教学理论的最新发展，通过自我测试或考试、竞赛，检验理论掌握程度，并确定后续学习的重点。

2. 教学实践反思日记

参与教学实习或见习期间，每日记录教学活动的实施情况、学生反馈及个人感悟，每周进行一次汇总分析，强调在实际教学中应用教育理论的效果，必要时可与指导老师共同讨论改进方案。

3. 教育技术创新应用

关注并学习最新的教育技术工具，如智慧课堂软件、在线教学平台等，每学期至少尝试并评价一种新工具在其教学实践中的应用效果，记录技术融入教学的创新点与待解决问题。

4. 同行评议与交流

参加教师工作坊、教学研讨会，主动邀请同学或同事对其教学设计、课堂管理等方面进行评价，每学期至少进行两次，重视并吸纳建设性意见，促进教学技艺的共同进步。

5. 职业发展规划阶段性审核

每年末，与班主任进行一对一的职业发展讨论，对照年初设定的目标审视实现情况，结合教育行业的新趋势、个人能力成长及市场反馈，适时调整未来一年的规划方向。

第二种，表格型（见表3-2）。

表3-2 职业生涯规划表

姓名		性别		年龄	
所学专业		政治面貌		婚姻情况	
职业选择			流动意向		
个人经历	教育经历				
	工作经历				
	培训经历				
个人因素分析					
环境因素分析					
职业生涯目标			人生目标		
长期目标					
中期目标					
短期目标					
短期计划与职业规划					
中期计划与措施					
长期规划与方案					
人生规划与方案					

第三节 教师生涯发展指南

教师的职业生涯既有普遍的职业特征，又有自己的独特之处，师范生可以从教师发展理论和前人的实践双重维度去探索和借鉴。

一、教师发展阶段理论

（一）福勒的教师生涯关注阶段理论

福勒（Fullor）认为在成为教师的过程中，根据关注指向的不同，教师的职业发展可分为四个阶段：

1. 教学前关注阶段

此阶段是师资培养的时期，由于没有经历过教师角色，没有教学经验，对于教师角色仅处于想象阶段，只关注自己。

2. 早期生存关注阶段

此阶段是职前教师初次走上教学岗位，并实际接触教学工作，此时所关注的是教师自己的生存问题。所以教师关注自己的教学与控制、对教学内容的掌握和如何通过学校上级对自己教学的评定。因而在此阶段，教师会感受到相当大的压力。

3. 教学情境关注阶段

此阶段所关注的是教学情境的限制和挫折，以及对教师各种教学的能力与技巧要求。因此在这个阶段里，教师设法从关注学习转向关注教学情境。

4. 关注学生阶段

当教师在学会应付自己的生存需要，并从实际工作的经验中学习到如何克服困难、调配繁重工作后，才能真正地关注到学生的学习和需要。

（二）伯林纳的教师职业发展阶段理论

伯林纳（Burliner）对教师职业发展进行了系统研究，他把教师职业生涯分为五个阶段：

1. 新手阶段

此阶段的教师刚进入这个领域不久，对该领域的情况已经有了基本的理解并掌握了一些基本的行为规则，但规则的运用还不能因特定情境的变化而做出变通；已经能够辨识某项举措在实际应用情境中的优缺点，但在具体操作程序上还需要直接具体的督导和帮助。

2. 高级新手阶段

这一阶段的教师已经有了很好的知识基础，并能够辨识工作中的某些带有普遍性的模式和各相关要素之间的关系；能够根据掌握的材料设计适宜的行动方案，在技术上开始具有一定的熟练水平，并能够根据具体情境做出调整，但还不能够取得稳定性的成功。

3. 胜任阶段

此阶段的教师已经有了更为宽广的知识基础，能够运用理论分析现实情境并能依据可行的理论设计工作实施方案；能够清楚地区分现实情境中的各种信息，忽略掉那些不重要的信息，从而能将注意力集中于那些重要的信息上，并能够对现实情境做出恰当评价；个体知道遇到非典型情景时从哪些渠道可以获得帮助；个体此时已经熟练地掌握工作中需要的技术，并能够取得持续性的成功。

4. 能手阶段

此阶段的教师已经具备了广泛的知识，并能在此基础上批判性地吸收和整合新知识；不但能将科学规则运用于具体情境，而且能够提出多种可能的方案并予以整合；能够成功地预见可能发生的结果，并对可能事件进行有效管理；即使是在压力或非常规的情境下，也能够表现出高效能；能够作为某个小组的成员解决一些重大的课题，能够意识到个体的局限性。

5. 专家阶段

此阶段的教师拥有突出的知识基础，对当前研究的前沿方向和问题也有详细的了解；能够建构科学知识并运用于教学实践中；能用直觉把握教学情境，具有很强的洞察力，只有特殊情况时，才需要运用分析的思维方式并结合本领域的规则进行判断；技术精熟，具备有效解决问题的能力和策略，能够平衡各种要求并专业地对待复杂的情境。

二、教师不同发展阶段规划策略

根据教师发展阶段理论，结合教师发展实践，一般教师要经历入职、成长、成熟三个阶段，一些极为优秀的教师有机会成为专家型教师。下面分别从入职期、成长期、超越期三个阶段讨论每个时期生涯规划的要点及成长的关注点。

（一）入职期教师的规划要点

处在入职期的教师，又被称为新手教师，一般指的是参加教学工作五年以内的新教师。他们在这个阶段的主要目标就是尽快地适应教学环境，与学生建立起良好的师生关系，与周围的教师建立起融洽的同事关系，同时在处理复杂的教学问题时由手忙脚乱变为应付自如。这一阶段的教师已经完成了由学生角色向教师角色的转换，进入适应教师角色之后的一个重要发展时期。

1. 面临的处境

（1）处在事业起步期。大多数新手型教师都是大学刚刚毕业，年龄在二十几岁，年轻有活力，但缺乏工作经验和社会经验；相当一部分入职期教师还是单身，事业上缺乏家庭和伴侣的支持；由于刚刚参加工作，一般经济状况比较拮据，生活压力大。但处于这一时期的教师一般精力充沛、兴趣广泛、充满热情、朝气蓬勃，往往希望通过努力工作展示自我并得到认可。

（2）欠缺教学育人实践经验。新入职教师刚参加工作，对教学的不熟悉和经验不足使他们在课前必须花较多时间来备课，考虑如何上好每一节课。因为缺乏一般教学技能方面的经验，需要花更多时间来维持课堂秩序、进入教学内容、保持课堂纪律和抓住学生的注意力。如果没有事先准备，往往很难现场即时想出合适的例子和做出恰当的解释。在课堂控制方面，虽然在课前就做出了非常详细的教学计划，但往往对课堂上的复杂情况估计不足，有可能因为一些突发问题（比如课堂纪律问题）而打乱原有的计划，或者是过于死板地执行原有的课堂计划，而不能针对课堂突发状况和学生的即时反应做出适当调整。在进行课后评价时，教师往往较多地关注课堂当中发生的细节，难以从整体上把握整个教学过程。

2. 规划要点

（1）认识自我，善于反思。"知己知彼，百战不殆。"作为新入职教师，需要在全面分析自己的基础上寻找自我发展的突破口，找到适合自己的发展方向，因此，能否正确分析自我、认识自我，就显得尤为重要。善于反思是正确认识自我的有效方法。著名教育家叶澜先生说："抄三年教案可能仍然只是一名教书匠，而坚持写一年反思则可能成为一名优秀的教师。"新教育实验的倡导者朱永新更是大胆成立了"朱永新成功保险公司"，并与很多教师签约，他在"开业启示"中写道："投保条件：每日三省，写千字文一篇。一天所见、所闻、所读、所思，无不可入文。10年后持3650篇千字文来本公司。理赔办法：如投保方自感十年后未能跻身成功者（名师）之列，本公司以一赔百……"试想，如果一个教师能够按照如上所言坚持每日反思与提高，能成不了一名优秀的教师吗？

（2）厚积薄发，坚持学习。"要给学生一杯水，自己首先要有一桶水。"终身学习是入职期教师继续发展的有效保证，也是成为一名学者型、专家型教师的前提。入职期的教师首先要坚持学习专业知识，努力掌握所教学科教材的知识体系，做到了然于胸。其次要积极学习教育教学中适用的相关知识，因为各门学科的知识都不是孤立的，现代科学发展呈现高度分化又高度综合的趋势，教师必须适应这一趋势才能胜任教学工作。新入职教师的学习可通过以下几个方面来进行：一是多阅读教育教学理论书籍及专业报刊，提高专业素养；二是虚心向身边的名师请教，汲取宝贵的教学经验；三是积极参加教研活动和各种教育培训活动，取人之长，补己之短。此外，知行并重才能使学习的效果最佳，因此新入职教师应当注重将学习与实践紧密结合，学以致用。只有自觉地将现代教育理论及他人的经验运用到教学实践中，才能缩小理论与实践之间的差距，同时要敢于承担公开课、汇报课、考评课等教学任务，从中获得经验教训，促进自我发展。

（3）重视科研，注重实践。教师不但是教学活动的实践者，也是研究者。参与科研是教师专业成长和职业发展的必由之路。成就名师，不能只是埋头苦干，更要学习掌握教育规律，提高教育理论水平，只有这样，教师的工作才会事半功倍。教师自身才能得到发展。入职期教师参加科研不同于专业的理论工作者，应该更为注重解决实际教学中遇到的问题，注重研究的实践应用。科研选题应该从自己熟悉的领域出发，以行动研究、案例研究为主，将理论落实到实践，在实践中检验理论，从而在实践中提升自己。一个问题就是一项研究，一项研究就意味着一个创造，一个创造便会产生一种价值。在教学研究中，教师把教学中存在的问题变成有价值的研究课题，不但可以帮助教师解决实际教学中的困难，还可以加深对问题的理解，在研究与解决问题中获得更好的发展。

（4）关注学生，了解学生。关注学生，与学生和谐相处，成为深得学生喜爱的教师是每位新教师的重要目标。因此，新入职教师应该主动走进学生的内心世界，深入了解每位学生的特点，熟悉不同成长阶段学生的心理特点和问题，在与学生的互动中尽可能多地影响学生，在教育教学中产生巨大的亲和力，实现与学生的心灵接触，从而使学生由"亲其师"到"信其道"，既能对学生的进步产生巨大的影响，又能提高学生对自己的认可度，并且在与学生的沟通交流中不断丰富自己的教学实践，成为学生真正喜爱的教师。

（二）成长期教师的规划要点

经历了新入职的迷茫与困惑，成功地在讲坛上站稳脚跟，并且随着工作历练和教学经验的增长，在课堂中愈发游刃有余。这时期的教师进入职业发展的成长期，很多已经成为学校发展的骨干，学校领导培养的重点对象。

1. 成长期教师的处境

（1）进入事业发展期。成长期教师是一个教师完全适应教育教学工作的时期，也是其完全掌握了教学主动权，各方面都成熟后成为学校教学骨干的阶段。他们年龄段为30到40岁，正处于事业发展的黄金期。从客观身体条件看，往往健康状况良好、精力充沛、思维活跃；世界观、人生观、价值观已基本定型，对事物的理解更加全面和透彻，更加具备独立思考和选择判断的能力。处于这一阶段的教师，往往已经建立了自己的家庭，人生的轨迹和方向性已经非常明确。因此，他们往往更加关注自我在职业上的成就和发展，精力更加集中，追求目标也更加明确。

（2）教学育人经验成熟期。相对于新入职教师，成长型教师经过了几年的教学工作，对教授的内容比较熟悉。因而，他们对于课前的计划与准备已经形成了一种模式，这种模式使教师的课前准备熟练化，时间缩短。在课堂控制上，课堂教学控制水平更高，注意与学生间的交流与沟通，能够以有效的方法维持学生的注意力等。在课后评价方面更注重课堂的教学是否有效。

（3）容易产生职业倦怠。这个时期的教师解决了无力胜任教学任务的问题，教育教学技能不断提高，在家庭、事业各方面都步入了稳定期，但容易在长期单调乏味、周而复始的教学活动中丧失年轻时的理想和目标；或者在获得了一定的社会认同后产生自满，过早地将自己的教学模式固定下来，忽视了对教学过程的创新和改进，从而进入职业发展的"高原期"，产生职业倦怠，停滞不前。

2. 成长期教师的生涯规划要点

（1）客观分析自己，寻找发展的突破口。作为一名成长期教师，在教育教学的各个方面均有了一定的积淀，对职业和自我的认识都有了质的提升。这时，能否正确客观地认识自己、分析自己，并在此基础上寻找适合自己的发展定位，就显得尤为重要。因此，要在准确定位自己的基础上，找到职业发展的突破口，以新的目标激励自己，充分发挥自己的优势，引领自己走向职业生涯的更高峰。

（2）保持进取意识。教师的自我成就意识即教师个体确立的职业目标、专业方向及个体的成才志向等，是教师取得成功的精神力量和个体特质。在职业生涯中，教师职业成就意识的培养非常重要。进取意识就是激发教师智能潜力的催化剂，作为教师，只要有了积极的教育态度，就会有突破常理的超越。因为拥有了进取意识，教师就会不满足于现状，会努力去探求更高的发展目标，表现出教育的主动性和创造性，并且享受着探索路上的种种欢乐和痛苦，把发展和成就看作人生最大的乐趣和最大的满足。

（3）学会利用外部资源。教师职业能力的突破性发展，既需要在校内与同事的相互合作，也需要在更广阔的领域内与同行进行多方面的交流。只有这样，教师才能不断提高他们的理论修养，不断学习到各种前沿的教育理论和教育科学知识，从而摆脱停滞状态，走出职业发展的"高原期"，获得新的发展。处于成长期的教师，大多已经确立了自己的骨干地位，在发展的校内校外条件上都有了一定的积累，因此要有意识地利用好这些条件和资源，为自己创造最优的发展环境。

（4）不断进行自我反思。对于成长期的教师来说，具备强烈的自我反省意识，能够帮助教师更快地达成自我发展的目标。教师反思的维度可以从四个方面入手：第一，从自己的人生经历中反观自己。每一位教师的独特体验、个体认识都会在其成长经历中找到缘由和根据，当有意识地对自己的经历进行理解、分析和批判，并从中找到自己思考和行为方式形成的影响时，就会帮助自己找到自己独特的一面，据此可以更好地扬长避短，促进教师的发展和进步。第二，通过学生的评价审视自己。重视学生对自我教学行为和教学效果的评价，特别是课堂上学生自发的听课反应，学会从学生的眼睛中找到反馈。从学生的角度思考自己的教学设计及其效果是教师有效教学的重要保证。许多优秀教师正是通过学生的反应和学习效果来不断优化自己的教学方法和教学行为，并把学生的学习效果作为自己教学成效的日常反思尺度。第三，从同事的评价中观照自己。同事的评价，特别是老同事的评价有着同行评议的性质，更具有一定的针对性，通过对他们建议的反思，可以更客观看待自己的教学实践，可以更好地博采众长，提升自己。第四，从理论学习中反省自己。系统的理论学习可以帮助教师站在更高的高度审视那些教学中的直觉判断和缄默知识，帮助教师更好地认识和理解自己的行为和思想，让他们的教学实践有了更多的可能。

（三）超越期教师的规划要点

在经历了新入职期的迷茫、职业成长期的倦怠和突破，教师实现了新的超越，此时他们业务成熟，迎来职业生涯的巅峰。

1. 职业超越期教师的处境

跨越了成长期，攀越了职业生涯的"高原平台"，教师就进入了教师职业生涯中的超越期。处于这一阶段的教师，通常把教学当作一种艺术，可以醉人而不知，育人而不觉，他们一般具有稳定而持久的职业动力、个性化的教学风格与模式、先进独创的教学思想和理论、丰富而突出的教学科研成果。知识水平、业务技能、经验积累、教学成绩、专业发展水平、社会影响力等都达到了较高程度。

（1）成熟的待人处事。超越期的教师无论对人还是对事、对己，他们都表现出沉稳认真的态度。对教育事业执着忠诚、对学生满怀爱心、对自己的能力充满自信，同时能虚怀若谷、博采众长、精益求精、不断进取。在日常工作中，往往表现为能沉着果断地处理意外情况，意志坚定，不人云亦云，并具有独具魅力的个性特征，能够很好地控制和调节自己的情绪，能够理智地处理教育教学中的各种问题，对自我和职业有着更高的认同度。

（2）将教育看成实现人生价值的事业。在他们身上会看到对教育事业由衷的爱。他们把教学工作视为自己的一种乐趣，把教育当作是自己的终生追求，认为它可以使自己得到不断的发展，实现自己的人生价值；在教学工作中自觉性高，能够主动研究教育教学过程中出现的问题；乐于和学生交往，把学生当成是自己的朋友。如特级教师张学钊教师感言："教师的最大快乐就是创造出值得自己崇拜的学生，教师的成功就在于让更多的学生超过自己。"真实践行了陶行知的"先生创造学生，学生也创造先生，学生先生合作而创造出值得彼此崇拜之活人"的教育理念。

2. 超越期教师规划要点

（1）乐于探索新问题。对于超越期教师来说，尽管工作多年，经验非常丰富，但随着时代的发展和教育实践的不断发展，教育教学中仍会不断涌现新的问题，提出新的挑战。如果故步自封，就会落伍于时代，甚至被时代所淘汰。因此想取得更大的成功，就需要深钻研教育理论；学习和运用新的科学的教育理念；搜集与分析有关的教育研究资料；对以往的教育教学工作经验进行反思；对面临的各种教育问题进行观察和思考。很明显，这也是教师自我提高和成长的必经途径。陶行知先生说，倘若当教师的，自己天天去研究，有所得的，即随时输之于学生，如此则学生受益较多，即当教师者也觉得有无穷的乐趣。

（2）提携青年教师。及时总结、有效提炼教育教学经验，主动提携青年教师。对于超越期教师来说，非常重要的事情是将自己一生所积累的宝贵教学经验和专长传承下去。所以，要对自己的教育经验进行总结提升和成果推广。一方面可以通过著书立说，另一方面要尽可能广泛地在教育教学实践中运用长期积累的经验，以期将教育思想和智慧变为青年教师成长的基石。

【拓展阅读】

做好职业生涯不同阶段的自我规划

张文武老师现任宁波市海曙外国语学校副校长、浙江省基础教育课程改革专业指导委员会成员，曾获全国首届中小学外语教师名师、第九届全国中小学外语教师园丁奖等荣誉。纵观他的职业生涯，我们可以尝试将其划分为相应的四个阶段，即准备期、适应期、成长期和成熟期。

1. 职业生涯的准备期

张文武老师是浙江温州人，大学就读于浙江海洋学院。作为外语系1999届的英语专科生，他对英语充满了热爱，他认为自己的大学生活是充实的。在大学时期，他既是班长，也加入了许多的社团，后来还被推选为学生会主席。在繁重的学生会工作和各科学业压力下，他能够合理地分配时间，这也为他之后平衡教学与管理工作打下坚实的基础。张老师和许多大学生一样，在大学期间从事过家教的兼职工作。他认为，这既是为学生解决问题的过程，也是锻炼自己英语教学能力的一种方式，为今后的英语教师生涯积累了一定的经验。

2. 职业生涯的适应期

毕业后，张老师毅然选择去宁波发展，因为当时奉化教育局意在引进教学人才提高教学水平，与张老师的职业规划十分相符。职业生涯的起步阶段对张老师来说无疑是汗水铸就成功。在带自己头两届学生的时期，无数个夜晚，张老师都奋斗在灯光下，辛勤备课，反复揣摩修改，对每一单元的内容和知识点都熟记于心。

在适应期的实践中，张老师也产生了教研的意识，在教学中探索、总结形成自己初步的教育思想。在教学、教育管理、自我提升、教研四方面同时发力，为张老师的职业生涯的适应期留下了丰硕的果实，并为其职业生涯的成长、成熟奠定了坚实基础。

3. 职业生涯的成长期

教师的职业既是一种工作，也是一种学习。张老师积极学习新的教育理念，不断更新自身的知识体系，摸索个人的教学特色。参加工作以来，他参加了各级各类教育教学实践活动、学术活动，主动承担并参与区市各项教育教学工作，相继获得12项全国、省、市、区业务类竞赛一等奖以及市第四批中小学学科骨干称号，他还获得全国中小学优秀教师出国留学金项目公派出国资格，赴英国布莱顿大学进修学习三个月。他认为发展自己才能发展学生，完善自身才能更好地教育学生。

4. 职业生涯的成熟期

张文武老师于2018年被评为浙江省特级教师。37岁的海曙外国语学校副校长张文武是第十二批浙江省特级教师通过人员中最年轻的一位，从事教育工作16年的他，能在与教龄超过二三十年的教师们竞争时脱颖而出，离不开他在教育事业上的日夜奋斗。此时，他将多年在英语教学一线的宝贵经验上升至理论高度。2018年至今多篇论文发表在全国核心期刊上，参与多个省级微课程建设。

【发展启示】

张文武老师本人对自己目前的教学生涯进行总结道："我的人生从1999年开始，可以分为教师梦想的起点、能力提升的突破点、教师生活的追求三个部分。"这似乎也在告诉作为教师的我们需要对自己的专业和职业道路有所规划，认清教师在社会中起到的重要作用，不断完善自己，在此后的教育生涯中，通过一次次努力和付出，实现自己的价值，真正找到教学的真谛和乐趣。

1. 清晰的职业生涯规划是确保师范生职业成功的重要因素

张文武老师一再提醒后辈，要有长远目标，要有近期目标，不同的目标就如同航行的灯塔，既指引了方向，也温暖了前进的路。

2. 积极参与各类实践活动是锻炼教师能力的重要途径

张文武老师在大学期间就积极参加各类社团活动，在活动准备和比赛的过程中锻炼了各方面的能力，为自己的职业准备期奠定了基础；重视教学反思、教学研究，通过分析名师课例、上公开课等方式让自己顺利通过适应期；制定成长规划，不断提高教研能力，通过撰写教学论文和专业书籍、出国进修等，使自己的教学思想理论化和系统化，快速成长；将教育实践与教育理论相结合，提出创新的理论模型，将实践智慧生成理论文章，张老师实现了新的超越，成长为一名专家型教师。路虽远，行者将至；事虽难，做则必成！漫漫长路，只要咬定青山不放松，必见曙光！

思考与讨论

1. 找一位自己敬仰的名师，查找相关资料，撰写出他（她）的生涯发展小传，并讨论各个阶段的成功之处。
2. 作为师范生如何安排大学四年的生活与学习，请试着撰写一份大学生职业生涯发展规划书。

第四章
学会拥有积极心态

> **学习目标**
> - 了解什么是心态以及心态的特点。
> - 知道心态的种类划分。
> - 掌握心理调适的方法,培育积极的心态。

职业生涯的顺利发展,一方面需要具有对职业、对自我的清晰认知,另一方面需要具有良好的心理状态来护航。"人生不如意十之八九",即使实施了科学的职业生涯规划行动,也难免在发展的路途上遭遇挫折。经历失败,没有什么问题,关键是以什么样的心态来面对,快速脱离消极的情绪,继续以积极的心态、主动的行动克服困难,改变现状,化不利因素为发展条件,才能始终处在向上的过程中。因此,学会拥有积极心态,是实现成功职业生涯的第一课。

第一节 什么是积极心态

培养积极心态的前提是知道心态的含义,认识了解心态的特点,学习心态的形成条件,并能采取积极的行动。

一、心态含义及特点

（一）心态含义

"心态"可以理解为"心理状态"。根据心态在生活中的广泛使用，可以将"心态"理解成一个人在一定时期内保持的比较稳定的心理状态。它具有倾向性，指向一个人的心理活动趋向；它也有统整性，统摄着其他的心理活动。

（二）心态的特点

根据心态的生活表现和相关研究，心态呈现出如下的特点：

1. 复合性

心理状态是人在特定情况下的多种心理行为的综合体现，任何一种心理状态都包含了多种心理过程的组成，并且存在着不同的个性差异；它包含了很多复杂的心理过程，不是心理过程单纯的拼接，而是由这些心理过程组成的一种新的复合体。所谓五味杂陈就是这种复杂性的体现，但是，在众多的心理状态中总有一种心态占据主要的位置，主导着心态的总体状态。

2. 稳定性

当个体进入或者处在一定的心理状态时，如果没有较大的外部影响或者到达原有的心态的阈值之上，心态就会一直保持在一个稳定的状态，不管是长期还是短期。而一个心态能够维持多久，可能依赖于很多发挥作用的有关因素以及它们之间的结合，其中最关键的一个因素就是主导心态的状态。

3. 动态性

心态具有一种不断变化的性质，也可以称为动态性。没有一种心态是一成不变的，它在各种不可回避的内部、外部因素的影响下，会发生量或质的变化。总体而言，心态虽不似心理过程那般流动性强，且有一定的时间连续性，却又没有个体心理特质的那种，在时空上与情境上的一致性。在内外现实的作用下，组成的心理过程一直在发生着改变，复杂的心理状态的各个部位之间的关系也在持续地改变着，这种改变是从量变到质变的。

4.情境性

这里的情境是指主体的感觉器官在一段时间内所接收到的所有信息，它不仅包含了注意的范围，还包含了注意范围之外。一个人的心态通常是与特定的情境相关的，它会受到情境本身、情境的背景、情境之间的关系等整体的影响。

二、积极心态

（一）积极心态的含义

积极心态是一种正面的、良性的心理状态，是指个人在面对生活、困难、挫折和挑战的时候，可以从正面去思考，从积极的方面去思考，从可能成功的方面去思考，从而积极地采取行动，并尽力去做。总而言之，积极心态，既是一种心态，也是一种对人生的态度，是将生命中的所有事物都视为一种享受的阳光信条。

（二）积极心态的作用

积极心态引导人们用乐观的心态面对生活，最大限度地挖掘自己的潜力并获得美好的生活。

1.积极心态有助于职业生涯发展

积极心态可以使人在忧患之中看见希望，能够激发人们昂扬向上的斗志，战胜各种困难。职业生涯中一定会遭遇困难、波折，抱着乐观的态度，就不会迷失自我，终获成功。面对问题，不逃避，不害怕，不怨天尤人，立足自身，去想办法实现自己的心中所想，学会把抱怨环境的心情，化为积极上进的动力，化为攀登职业阶梯提供永续力量。

2.积极心态有助于保持乐观

积极心态能让人快速从消极事件中恢复过来，不易被创伤和痛苦击倒。积极心态对每个人来说都是非常重要的。很多时候，一个人的喜怒哀乐，并不完全取决于客观环境，还取决于他自己的心态。的确，人生就像一场比赛，不可能一直处于优势地位，也不可能一路都一帆风顺，有时候会遇到挫折，有时候会遇到困难，但只要抱着乐观的态度，坚持下去，终会获得成功。

3. 积极心态可以帮助战胜困难

积极的心态是一个人战胜一切艰难困苦，走向成功的推进器。保持积极的心态，才能激发自身的聪明才智，才能顽强努力解决一切难题。真正让人痛苦的，并非他人，而是自己的消极心态。有句话说得好："积极的心态是温暖我们的灿烂阳光，消极的心态是覆盖在我们心灵上的阴影。"

4. 积极心态有助于提高个人能力

积极心态可以提高创造能力，因为一个积极的人是不会被限制的，他往往能够释放出自己无限的想象力；积极心态可以提高抗压能力，积极的人一般都相信自己可以成功，并且能够从挑战中获得成长，即使在面对困境和压力时也能够平静应对；积极心态还可以提高个人的领导能力，因为积极的人大多乐于接受挑战并能够激励他人；此外，积极心态对于个人的人际交往能力也大有益处，因为积极的人常常具有亲和力，这类人往往更容易与他人建立良好的关系。

5. 积极心态有益于身心健康

积极心态能够带来健康，而消极心态则相反。科学研究证明，人的身心是相辅相成的，积极心态给身体发出积极的暗示，有助于身体的健康发展，相反，悲观消极的心态不仅表现为情绪的低落，更会对身体造成不利的影响。心情不好，身体的免疫力变得低下，更容易生病就是一个常见的例子。

第二节　如何培养积极心态

成功的人和失败的人之间的重要区别就是他们是否拥有积极的心态，也就是所谓的 PMA（positive mental attitude）（黄金定律）。成功的人用 PMA 黄金定律去思维，用乐观的心态来掌控自己的生活。

有些人总喜欢说，他们现在的境况是别人造成的，环境决定了他们的人生位置。一些人老爱说自己的现状是他人的错，是别人导致了他的不幸。其实，一个人的处境并不完全取决于外在，而是更多取决于他自己。弗兰克尔是纳粹德国一个集中营的生还者，他曾说："在任何情况下，人类都有一种最终的自由，那就是决定自己的态度。"

那么，究竟如何培养和加强 PMA 呢？可以尝试从以下几个方面做起。

一、培养积极乐观的习惯

（一）保持健康的体魄

健康的体魄有助于培养积极心态，因为健康是人的第一需要。在日常生活中，应做到积极参加体育锻炼，保持身体健康。寻找一种自己喜欢的体育项目，并坚持下来，享受坚持运动的自律感，享受适度运动后身体产生的愉悦。

（二）选择积极的认知

是人选择心态，而不是心态选择人，当生活中遇到问题时，要用积极的认知去面对。认知如果发生变化，态度就会变化；态度发生变化，习惯就会变化；习惯发生变化，性格就会变化；性格发生变化，生活也就变了。试着改变一下自己传统的认知，事物都有两面，试着用更积极的一面去看待，去实践，慢慢你会发现，世界会变得更美好。

（三）主动开拓新的思想

拥有积极心态的人总是不断地寻求新的想法和新的方式来提高获得成功的可能性。就像法国作家维克多·雨果所说："没有什么力量可以和及时的想法相比。"一些人相信只有天才才能想出好创意。其实，好创意是要看态度而不仅仅是能力的。一个具有开阔思维和创造力的人，总会时刻留心好想法。面对一件棘手的事，换一种思路试一试。

（四）保持平和的心境

生活中总会遇到各种各样的困难和挫折，不可能一帆风顺。遇到问题时，不要慌张失措，也不要怨天尤人。要调整心境，保持平和。要用积极的思维去分析问题，寻找解决办法。要用乐观的态度去面对问题，看到希望和机会。要用坚强的意志去克服问题，增强信心和勇气。静中生智，问题的答案也许就在你冷静思考之后。

（五）培养乐观的精神

培养乐观精神，首先，要学会欣赏和肯定自己。自知者明，了解自己、悦纳自己是拥有乐观精神的基础。其次，遇到问题可以与自己信任的师长沟通。在遇到困难和挫折时，可以寻找外在的支援，主动说出自己的想法、感受，寻求好的建议。这既是排解内心消极情绪的一个好办法，也是最终获得解决问题方式的好办法。最后，要在日常生活中减少抱怨。人的一生当中，会遇到各种各样的困难，这些困难和挫折难免会影响情绪。如果一个人面对困难和挫折，总是选择逃避和抱怨，那么就会变得消极厌世。事实上，抱怨对解决问题于事无补，不如勇敢去解决。做个乐观的人，从停止抱怨开始。

（六）使用自我提示语进行自我暗示

积极心态的自我提示语没有固定的形式，任何能够激发人积极思考和积极行动的词汇都可以。以下有几个自我提示语可以被运用在日常生活中，如表4-1所示。

在日常生活中，若能时常运用这种自我激励的提示语，并融入自身的身体和心灵，就能使自己始终处于一种积极的状态，从而克服负面情绪，从而产生一种强烈的动机，最终获得成功。

表 4-1 自我提示语

要知道，这个世界上，最坚实的臂膀，长在你自己身上，越努力越幸运
人生只有走出的灿烂，没有等来的辉煌
与其在悲伤中死去，还不如拼尽全力，活得精彩
天再黑总会亮，用奋斗去征服
生命，不是叹息过去，而是展望未来
要么你被痛苦击倒，要么你把痛苦踩在脚下
相信自己，我能行

二、营造良好人际关系

（一）学会换位思考

与人相处时，大多数人总是固执己见，认为自己想的就是对的，不懂换位思考，导致交往中矛盾频发。生活中，要学会换位思考。你怎样对待别人，别人也会怎样待你。如果只考虑自己的感受，不去考虑别人，就会滋生傲慢的态度，疏远彼此的关系。但是在交往中，如果会换位思考，考虑到对方的真实感受，就会营造良好的交往氛围，懂得换位思考，也是提升自己交往水平的有益尝试。

（二）提高自身素质

素质是一种修养，是后天形成的生活习惯，是在生活中和学习中一点点沉淀出来的。在人际交往中，首先，要温和有礼貌，多用一些"谢谢""请""对不起"之类的礼貌用语，俗话说"良言一句三冬暖，恶语伤人六月寒"。其次，要保持良好的个人卫生习惯。干净整洁是与他人社交的基本礼仪。最后，要常反思，不断精进，只有做到"吾日三省吾身""日拱一卒"才能取得不断的进步。

（三）心存感激

心存感激是一种为人的豁达，更是一种处世的境界。心存感激，会激发内心的爱意，有了爱意，在人生道路上不论经历多少艰辛和苦难，遭受多大的灾难和创伤，都不会因此而失去生活的希望，相反会更加炼就一种超然的心境，以一种更加坚定的信念和平静的心态去面对现实和生活。

（四）学会称赞别人

在与人的交往中，适当地赞美对方，会增强温馨美好的感情。如何称赞别人也是一门学问。称赞要真实，不要夸大；要真心，不要虚假。在生活和工作当中，多用以鼓励代替批评，以赞美来启迪人们内在的动力，会比责备、埋怨有效得多。

（五）学会微笑生活

微笑是上天赐予人类的，让人感到愉快的表情。当你看到一个人的笑容时，你会觉得他很自信、很友善。而且，这种感觉还能影响到周围的人，让周围也产生一种和谐友善的氛围。一个笑容能鼓舞别人的自信，一个笑容能消除人与人之间的隔阂。当然，这个笑容一定要真挚、真诚。微笑，会为你开启一扇通往友谊的大门。要想培养一个友好的关系，首先就要学会微笑。

（六）培养一种奉献的精神

奉献精神体现出的是一片赤子之心，一种天下为公的气度。奉献精神指的是一种无私无我的精神，是一种为他人和更大的整体利益而忘我的情怀。当我们视野不再局限于自我，而是放眼整体，服务大众，不期间会生成人性的光辉，让我们变得更值得别人的敬重。奉献精神还可以让人获得更大的心理满足。当一个人的成功带来的不仅是个人的荣誉和财富,更是集体的荣耀,那么他会获得更加持久的快乐和满足。

第三节 师范生如何培养积极心态

作为一名师范生拥有积极心态对于学习和未来的工作来说都至关重要,拥有积极心态可以使自己更好地适应未来教师工作。师范生在学习和求职择业的过程中一定会遭遇各种各样的挫折,如果能够学会调整心态的技巧,树立积极的心态,一定会对学习和工作带来事半功倍的效果。

一、师范生的不良心态

(一)学习期间

1. 抑郁

抑郁情绪是以连续且长期的心情低落为主要的临床特征。大多表现为,心情低落,社会性行为降低,从一开始的闷闷不乐到最后的悲痛欲绝,自卑、痛苦、悲观、厌世,感觉活着每一天都是在绝望地折磨自己。每天只想躺在床上,什么都不想动,有明显的焦虑感。

2. 自卑

师范生会因为自己与他人不恰当的比较而感到自己不如人。总觉得这件事"我不可以"。不敢于尝试新的挑战,不愿走出舒适圈,当被要求做某事的时候总会下意识地拒绝。

3. 苦闷

苦闷、孤独是封闭心理的一种表现,它源于个体感到自己与外界疏远或受到外界排斥，从而产生出一种与周围世界疏离的感觉。在学校里，一些师范生由于不善交际，没有自己的朋友圈，又远离家乡，一方面有思乡之苦，另一方面又苦于没人可以倾诉，而心生自怜的心态。

（二）求职期间

1. 盲目

师范生在经过多年的寒窗苦读，都希望能有一份理想的教师工作，并能够在工作中充分展现自己的才能。但是由于缺乏明确的求职意向和求职规划，在工作地域、不同学校间举棋不定，容易人云亦云，或者好高骛远，在求职中不知所措。

2. 焦虑

在就业形势日趋严峻的背景下，师范生就业压力逐年加大。有限的教育市场需求，逐渐增多的师范生供给，导致求职竞争愈演愈烈。师范生进入求职季，难免有焦虑情绪，即在没有确定工作单位之前，表现出的不安和焦急的心理。焦虑就像一条心灵的锁链，使学生难以自控，常常会产生烦躁、紧张的情绪。

3. 自卑

自卑心理，表现为缺乏自信，对自己的评价过低，容易把自己的职业目标放得过低。自卑心理阻碍了师范生们的创造力和聪明才智得到正常的发挥。而且，求职面试过程中遇到的挫折，也会摧毁学生的自信心，让他们的自尊受损，从而导致他们的内疚和失望，甚至是彻底地否定自己。

4. 依赖

这种心理是师范生思想不成熟、缺乏责任感、缺乏自主精神的表现。师范生往往把希望寄托在父母、学校和亲友身上，他们寄希望于通过家人的关系，得到自己想要的教职；也有一些学生自暴自弃，认为自己并不出众，在关键的求职期，选择听天由命，结果可想而知。

二、师范生不良心态产生的原因

（一）学习期间

1. 学习压力

为了获得精深的专业知识，学习过硬的本领，师范生需要不断学习，刻苦读书，紧跟学科领域的前沿动态，选择有价值的研究方向进行钻研。还有很多师范生，选择攻读硕士学位，或是选择出国深造，面临的学习压力相对更大。如果在校期间无法取得预期的成果或成就，难免会产生紧张焦虑的情绪。

2. 人际关系压力

和学习、科研相比，师范生的人际关系相处问题也是重要的压力源之一。如何与身边的同学、室友以及任课的教师相处沟通，这对于那些不擅长交际的学生而言，是一个难题。还有一些师范生性格比较孤僻，不愿与人沟通交往，不想在人前展示自己的真实想法和情感，表现出与世隔绝、不合群的特点，从而形成抑郁自闭的不良心态。

3. 过度竞争

竞争是人类普遍存在的一种社会现象。竞争具有积极的作用，能够充分发挥人的潜能，提升人的能力。但也存在着一些弊端，如果竞争变成了激烈的对立或比较，很有可能会给人带来很大的心理负担，使人身心疲惫。随着考编热、考编难的趋势愈演愈烈，师范生在大学中的竞争更加激烈。一些学生对成功的过度渴望，也会造成不良的竞争以及人际关系的紧张。

（二）求职期间

1. 客观原因

（1）社会层面。市场经济的迅速发展，产业结构的升级和调整，对就业造成了一定的影响。高等教育正由大众化进入普及化，师范毕业生逐年增多。一些高校人才培养方案的滞后性，也导致了毕业生不能满足用人单位和社会发展的需要，造成结构性失业。

（2）家庭层面。家长对孩子的期望值过高，也会导致师范生心理压力加重。

2. 主观原因

（1）师范生的就业观念问题。当今时代，有一些师范生，就业观念比较功利，更注重眼前的收入、工作环境，而忽视了未来的发展前景、职业兴趣和技能，所以他们很容易就会做出与自己所需要的职业不符的决定。

（2）师范生职业能力问题。大多数学生都是家里的独生子女，他们在家庭中受到了更多的关注，他们缺少社会阅历，适应性和抗挫力都不强，缺少一些奋斗的精神，更倾向于找一个待遇好、稳定性强的工作。

三、师范生心态调适策略

（一）学习期间

1. 主动提高职业能力

一是提高自学能力。通过阅读教育类有关书籍，不仅能让自己获取知识，提高能力，还可以培养自己良好的心态。二是加强交流。通过交流学习，可以使师范生更快地提高职业能力，还可以通过参加培训、学术会议等方式，向高水平的教师学习请教。平时，要带着问题听课学习，主动上公开课，通过实践来提升自己的职业能力。

无论做什么事，都要让自己有所准备，准备充分了，才会使自己更有信心，也能让自己知道怎样做才能更好，更有收获。

2. 培养积极的心态

生活是一面镜子，如果师范生每天都能够保持积极乐观的心态去面对自己的身边人，遇到事情时不将烦恼的情绪发泄到身边的同学、老师和家人身上，那么他们也会善意地对待你，让你感觉生活是如此的美好。

3. 提高自我效能感

自我效能感是影响师范生积极心态的重要因素，将影响师范生的行为选择、坚持与努力。提高自我效能感，首先要学会享受获得成功的体验。一个人的自我效能通常和特定的领域相联系，人们往往在擅长的领域更容易拥有自信。因此，师范生可以通过在自己擅长的领域体验成功，来增强自信。其次，要学会寻找榜样。榜样的力量对于师范生自我效能感的提升具有重要影响。师范生可以通过优秀教师或优秀师范生的事迹来进行"替代学习"，获得行为动力。

（二）求职期间

1. 热爱自己的职业

教师是人类灵魂的工程师。师范生应当为自己未来所从事的职业感到自豪和骄傲，并热爱自己的职业。对职业保持热爱之心，在工作中实现自己的人生价值，并体验特有的职业幸福感。

教师的工作是育人。在菁菁校园里，享受教书育人的过程，真心地感受学生身上的朝气，真心地体会助人的快乐，在辛苦中品味甜蜜。

2. 莫要与人攀比

攀比的心态在当今社会是很常见的，身为教师也难免受到影响。作为一名有责任有担当的教师，应当心怀高远的目标，不倦追求，而不是盲目的攀比，否则只能陷入不断的挫败感中。

3. 不好高骛远

刚入行之初，新老师有许多要学的地方，此时就要按部就班、稳扎稳打。正如孩童学步，要从站立走向行走，从行走走向奔跑，绝不能为了追求速度而建造"空中花园"。目标必须与自身实际状况相一致。新老师要从小的目标出发，在自己的工作中去摸索、去实践。表面上看起来很简单的教学要求，实际上却有很多可供学习之处，因此新手老师对自身的发展更要从整体规划，小步推进。

【拓展阅读】

积极心态是通往成功的桥梁

李惠军老师是中学历史教学领域的名师。他是上海市晋元高级中学特级教师；上海市普陀区"李惠军历史工作室"领衔人；担任全国历史教育专业委员会学术委员；兼任华东师范大学课程系历史教育专业硕士指导教师和华东师范大学历史系免费师范生指导教师；《中学历史教学参考》杂志特约研究员。他是目前上海乃至国内中学历史教育界颇具影响力的中生代领军人物。在李惠军老师从事历史学习与历史教育的四十余年经历中，不难看出，积极心态是其取得成功的重要因素之一。

1. 积极心态打败生活困难

1982年李老师大学毕业后，按照分配方案本是要进大学教书的。但是，阴差阳错使他中途被"截流"到一所重点中学——新疆实验中学……就这样，李惠军的人生轨迹发生了变化。但李老师没有心灰意冷，也没有就此深受打击。他保持着积极乐观的心态，经过他与学校的反复交涉，校长同意在他认真工作，有所成就的前提下，3年后允许报考研究生或者调离中学。于是，他在无法预测未来的情况下，迈开了他专业发展历程中的第一步。到1985年，又一届毕业班高考结束了，李老师带的班级历史高考成绩不仅新疆第一，而且在全疆历史高考前6名的学生中，他所带班级的学生占据了4名，并出现全疆文科状元。虽然按照承诺李老师可以离开中学了，但是，他选择留在中学历史教育的岗位上。因为李老师认为似乎只有站在讲台上，才能真正体味到做教师的成功和愉悦。

2. 积极心态克服职业困境

这样优秀的教师，同样存在着职业生涯的瓶颈期。2000年经冯恩洪举荐，李惠军留山东教学两年。山东的两年是他人生的"低谷期"。且不说远离上海，举目无亲，发生车祸，撞断左腿，家庭变故，身心疲惫。就是在历史专业修养和历史教育研究方面，也由于工作和心情的原因受到了很大影响。但是，即便在这样的境况下，他依然以积极的心态面对工作和生活，最大限度坚持每周上6节历史课，抽空回上海参加二期课改历史新教材的审阅，参与上海市高考命题等业务活动，这才保证了他没有中断专业的发展。2003年，李惠军应上海市晋元高级中学赵凤飞校长之盛邀，来到他在上海的"第三站"。五年中，他全程参与了上海市二期课改历史新教材的实验；亲历了历史教科书的"地动山摇"；参加了上海市高考历史学科和综合学科的高考命题。五年中，他遭遇了高考泄题事件后"地狱"般的生活打击和"牢笼"般的精神撕裂；体验了"千夫所指"的狼狈和"万人唾弃"的孤冷；经受了"生与死"定夺瞬间的矛盾和"沉与浮"抉择关头的彷徨。但是，他的确是顽强地挺了过来，坚定地坐了下去；靠着惊人的毅力和积极的心态，从黑暗的"地狱"中苦苦挣扎着向历史专业的"殿堂"走去！

【发展启示】

自古英雄多磨难，从来纨绔少伟男。无论是初次的择业还是后续的工作，李惠军老师的教师生涯不可谓不"险象环生"。师范生该如何面对成长中的挫折，用积极的心态面对工作生活呢？

1. 坚持一分为二的观点

每件事都有两个方面，有积极的一面也有消极的一面，要善于发现事物背后积极的一面，特别是面对挫折和失望，要学会看到其背后积极的一面。"李老师大学毕业后，按照分配方案本是要进大学教书的。但是，阴差阳错使他中途被'截流'到一所重点中学——新疆实验中学。"面对工作的错置，正常的反应都是悲观失望，但是李老师没有颓唐，而是在新的平台积极探索，终在历史教学领域有一席之地。

2. 做起来，没有时间悲伤

2003年，李惠军来到他在上海的"第三站"。五年中，亲历了历史教科书的"地动山摇"；参加了上海市高考历史学科和综合学科的高考命题。五年中，他遭遇了高考泄题事件后"地狱"般的生活打击和"牢笼"般的精神撕裂；体验了"千夫所指"的狼狈和"万人唾弃"的孤冷；经受了"生与死"定夺瞬间的矛盾和"沉与浮"抉择关头的彷徨。未曾经历，不会理解他面对的巨大压力和所处困境，如何面对？他最大限度坚持上历史课，全身心开展工作室的工作，有时间就研究写作，他不给自己悲伤的时间，也因此始终没有在困境中中断专业的发展。诚如他工作室的座右铭："从平实中搏出睿智，从调侃中搏出幽默，从拙讷中搏出深刻。"

思考与讨论

1. 成长中遇到哪些难以忘记的挫折，你是如何面对的？
2. 如何树立积极的心态，勇敢地面对未来的生活？

第五章

学会有效沟通

学习目标
- 了解沟通的分类、功能。
- 掌握沟通的原则、策略。
- 能够不断提高有效沟通的能力。

有效沟通、交流合作正成为现代人必备的能力要求。无论是过去还是现在，只要人类彼此之间需要合作，就一定需要沟通交流。沟通是人与人之间传达思想感情和交流情感信息的过程。沟通能避免人们交往中的误会，甚至关系到个体与组织的生存和发展。教师职业生涯的顺利发展，需要成为一个善于沟通的人，向上做好沟通，会得到领导、师长的支持；向下做好沟通会得到学生、晚辈的理解；和同事、家长做好沟通会营造一个良好的工作环境，形成教书育人的合力。因此，学会有效沟通是实现成功职业生涯的第二课。

第一节 什么是沟通

沟通是一道彩虹，用炫彩的颜色架起连接心灵的桥；沟通是一把雨伞，用温馨浪漫的空间贴近人与人之间的距离；沟通是一盒糖果，用酸甜的口感让生活丰富有趣。沟通是处理人际关系最好的润滑剂。

一、沟通的含义

沟通，指的是人们分享信息、传递思想和表达情感的过程方式。这种过程不仅包含口头语言和书面语言，也包含肢体语言、表情形态、物质环境等凡是赋予了信息含义的各个方面。

二、沟通的分类

（一）根据沟通所处环境的不同，可分为人际沟通和管理中的沟通

1. 人际沟通

人际沟通是指与亲朋好友、同事、领导之间的沟通，人际沟通一般是以口头沟通结合体态语言沟通为主，书面沟通为辅。

2. 管理中的沟通

管理中的沟通又被称为组织沟通。在组织里，沟通对象的选择可以概括为两个要点：第一条是按照指挥链沟通。在组织当中的沟通，遵循指挥链条，与上下级沟通，可以越级申诉，但不能越级汇报。第二条就是和当事人沟通。简单说就是，谁的问题找谁，A和B之间有了矛盾、冲突，A和B之间沟通。组织沟通是以规范的书面沟通或文字沟通为主，以口头沟通和非语言沟通为辅。组织沟通中的规范性不仅表现在使用组织内可共同理解的格式、符号等，也表现在沟通的程序，甚至沟通的时间和具体情景的具体规定方面。

（二）根据沟通途径的异同，可分为正式沟通与非正式沟通

1. 正式沟通

正式沟通是指通过正式的组织程序所进行的沟通。它是组织沟通的一种主要形式，一般与组织结构网络和层次相一致。正式沟通根据信息的流向，又可分为自上而下的沟通、自下而上的沟通、横向沟通和斜向沟通，它们分别又是

组织内部纵向协调和横向协调的重要手段。

2. 非正式沟通

非正式沟通是指正式制定的规章制度和正式程序以外的各种沟通渠道。非正式沟通一般有 4 种方式：单线式是通过一长串的人把信息传递给最终的接受者；流言式是某人积极主动地寻找和告诉别人信息；偶然式是一个不规则的过程，信息的某发送者在这个过程中随机地把信息传递给别人，然后这些接受者又按同一方式告诉别人；集束式是某发送者把信息告诉经过选择的人，此人又依次把信息转告其他经过选择的人。

（三）根据信息载体的不同，分为语言沟通和非语言沟通

1. 语言沟通

语言沟通是一种人类区别于其他生物所特有的沟通形式，包括口头语言、书面语言、图形图片。例如：开会、聊天等侧重口头沟通；书面报告、E-mail 等是书面语言沟通；教师使用 PPT 进行授课，则是集合了口头、书面、图片三种形式的沟通。

2. 非语言沟通

非语言沟通指抛开自然语言，以人自身所呈现的静态及动态的信息符号与副语言来进行信息传递的表述系统，它包括仪表、服饰、动作、神情，还包括目光、发型、肌肤、体态、音质、音色等非语言信息作为沟通媒介进行的信息传递。美国传播学家艾伯特梅拉比安曾提出一个公式：信息的全部表达 =7% 语调 +38% 声音 +55% 肢体语言。

非语言信息往往比言语更能打动人。表 5-1 所示为肢体语言的行为含义。因此，如果你是接受者，你必须确保你发出的非语言信息有强化语言信息的作用。如果你是接收者，你同样要密切关注对方的非语言信息，从而全面理解对方的思想、情感。图 5-1 所示为不同的面部表情传达出不同的信息。

表 5-1　肢体语言的行为含义

肢体语言表述	行为含义
手势	柔和的手势表示友好、商量，强硬的手势则意味着：我是对的，你必须听我的
脸部表情	微笑表示友善礼貌，皱眉表示怀疑和不满意
眼神	盯着看意味着不礼貌，但也可能表示兴趣，寻求支持
姿态	双臂环抱表示防御，开会时独坐一隅意味着傲慢或不感兴趣
声音	演说时抑扬顿挫表明热情，突然停顿是为了造成悬念，吸引注意力

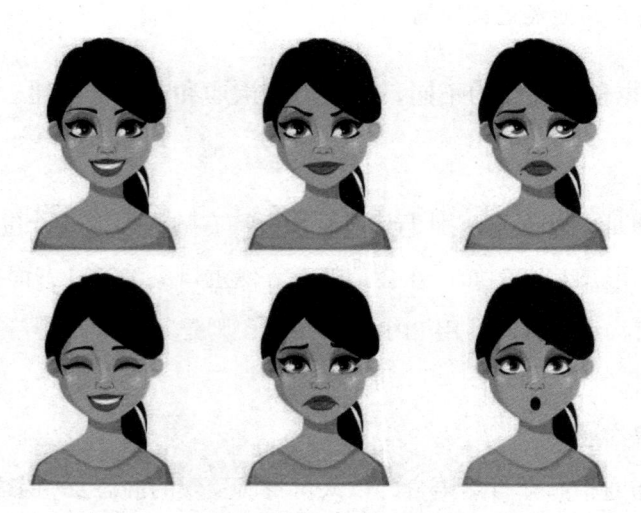

图 5-1　不同的面部表情传达出不同的信息

三、沟通的作用

（一）沟通可以实现资源的共享

如果你有一个苹果，我有一个苹果，我们彼此交换，每人还是一个苹果。如果你有一个思想，我有一个思想，我们彼此交换的话，那么我们每个人就有两个思想。彼此之间的经验交流对于成功同样重要。如果在解决问题的时候，人人都出言献策、共享知识经验，就能将问题很好地解决。同时，那些缺乏经验的新手的能力会迅速提高，老成员也会在交流沟通中增益新的收获。对于即将走上教育岗位的师范生来说，面对纷繁复杂的教育工作总会手足无措，而同年级的老教师则有着丰富的经验和专业的知识，如果能通过沟通与老教师建立积极和睦的学习关系，尽快熟悉和掌握这些知识和技能，新教师们一定能更好地完成教学和教育管理工作，从而大大加快工作的进度。

（二）沟通可以提高工作效率

师范生进入学校担任教师时，很可能要担任班主任。面对这份重要而艰巨的工作，如果缺乏有效的沟通，不能与其他科任教师有效沟通，就会导致学生发展不平衡；如果与班级学生缺乏有效沟通，没有走进学生心里，就会导致班级凝聚力不强，学生缺乏归属感；如果与学生家长缺乏有效沟通，就会导致家长不能很好配合班主任工作，家校合力形同虚设。

（三）沟通有助于创造良好的工作和生活氛围

如果每个教师都"消息灵通"，确切地知道下一步要做什么并且掌握必要的信息，整个班级就会处在一种井井有条的运作状态。在良好的沟通基础上，你的意见和建议会更容易被接纳，同事更愿意给你帮助，工作就会顺利很多，工作氛围也会轻松很多。

（四）沟通可以营造良好的人际关系

美国一项权威调查表明：成人最关注的问题有两个方面：一方面是健康，另一方面就是人际关系。而人际关系的好坏关键在于良好的沟通，有效沟通有助于营造良好的人际关系网络。

（五）沟通可以更好地完善和展示自我

"以铜为镜，可以正衣冠；以人为镜，可以明得失。"别人就像是镜子一样，当和他人互动时，可以从别人的反应或回馈中，梳理出清晰、正确的自我画像。因此，广泛的人际交往能够接收到更多的回馈，全方位的人际网络呈现给自己的是立体的自我审视之镜，给自己下的结论也会更加全面客观。个人成长如果只靠自己的学习是不够的。朋友各有所长、各有不同的才能、各有不同的经验，这正是自己所欠缺的，"三人行必有我师焉"正是这个道理。与朋友在一起多听、多看、多问、多讨论、多学习，必能促进个人的成长。沟通会使你发现别人身上的优点，不断学习别人身上的长处，同时不断改正自己身上的短处。有效的交流沟通还能充分展现一个人的能力，如个人组织能力、获取信息能力、资源分配能力等。

第二节 如何提高个人沟通能力

布莱恩·特拉西曾说："沟通是一种技能，需要不断地练习和提高。"掌握正确的沟通方法，通过科学的实践练习，沟通能力就能得到一定程度的提升。

一、训练沟通能力的一般步骤

训练沟通能力，主要包括两方面：一是提高理解别人的能力，二是增加别人理解自己的可能性。那么究竟怎样才能提高自己的沟通能力呢？

（一）列出需要沟通的情境以及需要沟通的对象名单

当你闭上双眼去思考，你会发现在日常生活的各种场合，如学校、家中、工作场所、派对或与他人的各种互动中，都有与人交流的场景。再想一想，要如何进行有效沟通？回顾过去，我们需要与哪些人进行交流，他们有什么样的特点，哪种沟通方式获得了很好的效果，为什么？

（二）对自己的交流情况进行评估

在这个阶段，向自己提出以下疑问：

（1）在哪些情境下的交流让人感到愉悦？

（2）在哪些特定的沟通场景下，人们可能会感受到心理上的压迫？

（3）最倾向于与哪个人进行交流？

（4）你是否不愿意与任何人进行交流？

（5）你是否经常与大部分人进行愉悦的交流？

（6）你是否经常觉得自己的观点并未明确表达？

（7）你是否经常误会他人，直到事后才意识到自己的错误？

（8）你是否经常与你的朋友保持联系？

（9）你是不是经常不愿意给人写信或者打电话呢？

当我们以客观和认真的态度回答上述问题时，这将有助于我们评估自己现有的沟通能力，以便我们在特定情境下、与人的沟通方式可以进一步优化。

（三）对自己的交流方法进行评估

在这个阶段，主要向自己提出以下三个疑问：

（1）在大多数情况下，我们是选择主动与他人进行交流，还是选择采取被动的交流？

（2）在与他人交流的过程中，是否能够保持自己的专注度？

（3）当你试图传达自己的意向时，信息是否足够详尽？

无论是主动还是被动的沟通者，他们之间的沟通情况常常存在显著的不同。有调查对影响大学生主动沟通的因素进行了分析，发现大学生主动沟通者和被动沟通者之间存在显著差异。研究发现，那些主动进行沟通的人更有可能与他人建立并保持广泛的社交联系，并在这种交往中更有可能取得胜利。

在沟通过程中，保持高度集中的注意力有助于更好地理解对方的心理状况，并能根据收到的反馈有效地调整自己的沟通策略。如果一个人在谈话中始终集中于某一主题或某一细节上,那么他就会对该问题感到厌烦,从而失去与别人进行交流和讨论的兴趣,甚至会使谈话变得毫无意义。没人喜欢与自己交谈的人总是四处张望、心神不宁。

当试图传达自己的想法时,务必确保他人能够深入地理解你。如果表达得过于直白和生硬,就容易产生抵触情绪。在沟通过程中,如果言语和动作等方面的信息不够充实,那么就无法清晰地传达出自己的观点和意图;若信息太少,就无法让对方完全明白自己所想传达的内容和想要表达的感情。过多的信息如果导致冗余,也可能让接收信息的一方感到不适。因此,确保信息的完整性并避免冗余,即把握沟通的适度性是最理想的交流策略。

(四)制定并践行计划

经过上述的几个阶段,可以识别出自己在哪些领域有所欠缺,并据此确定需要重点改进的地方。可以根据自身实际情况,有针对性地提出解决方案和措施。比如,当沟通的边界变得有限时,应该考虑扩展这种沟通的广度;如果忽视了与朋友的互动,那么可能需要通过电话或社交媒体进行沟通;如果沟通的主动性不足,那么应该更加主动和积极地与他人进行交流。在规划和训练沟通能力的过程中,应遵循"小步骤"的原则,即不应对自己设定过高的标准,否则可能会抑制自己的尝试热情。另外,要善于把目标细化到每一个细节上,这样才能保证实现目标后有足够的动力去奋斗下去。在小规模的实施和巩固后,可以对自己设定更高的标准。

(五)对计划实施监控

这个步骤是至关紧要的。因此,在制订计划前,首先应考虑到自己的能力和条件,然后再根据实际情况来确定是否应该采取某种行动。如果缺乏有效的监管,很可能会出现功亏一篑的情况。在实施计划之前,必须对目标和任务有明确的认识和规划,制定出一个清晰具体的时间表。最理想的做法是进行自我监控,比如通过日记和图表来记录自己的努力经历,并对自己的情感进行评估和分析。

二、沟通的一般策略

（一）真诚地赞美别人

一个人成熟的标志是：懂得欣赏和鼓励别人。赞美是善于发现别人身上优点。真诚的赞美是发现对方的优点而赞美之，真诚的赞美是发自内心的，真诚是一种修养、态度、境界，不是挖掘不存在的东西，而是突显优点，帮助人们发现、肯定、弘扬优点。

（二）多谈对方感兴趣的事情

很多人在和陌生人聊天的时候，经常会自己一个人在那津津有味地说着自己感兴趣的话题，也没有顾虑到对方是否愿意听，是否也感兴趣。和陌生人沟通要找到自己同陌生人之间的共同点。一方面可以通过观察他们的表情、服饰、谈吐、举止等方面，查找共同点，另一方面通过第三人的介绍，大胆猜测两个人的共同点。越来越多的共同点，会让彼此不熟悉的两个人顿生熟悉感。

（三）学会使用万能语

万能语多数是礼貌语言，能表达出一个人的修养。在日常说话的时候，经常用到的礼貌用语有：①是的；②你好、早上好、晚上好；③请多指教、请多关照；④非常抱歉；⑤不好意思；⑥谢谢！太感谢你啦！⑦哪里哪里，不敢当，不敢当！⑧请——。可以说，无论在什么场合下，平易近人、简明方便的"万能语"都是派得上用场的。它既让人感到对方很懂礼貌，又富有伸缩性，亦可表达事情的终结。"万能语"在会话中还能给人以灵活的感觉。既然这种不必劳神费心就能说来的语言有着这许多好处，那又何乐而不为呢？

（四）热心帮助别人

关心别人从小事做起，主动发现别人的需求，及时雪中送炭，对人伸出援助之手。有时一个鼓励的眼神、一句轻轻的问候，也能让别人感受到温暖，让世界充满爱。以助人为乐的人是最受欢迎的人，同样，大家也会在需要时伸出援助之手。

（五）体谅他人的感受

信息发送者必须充分考虑接受者的心理特征和知识背景等状况，据此调整自己的谈话方式、措辞或服饰仪态。因材施教说的就是要考虑教育对象的独特特征，采用不同的教育方式。教师还要与不同背景的家长沟通交流，在交流时要关注他们不同的心理特征和知识背景。

（六）把荣誉留给别人

把荣誉留给别人，把快乐留给自己。有时候，面对荣誉不能斤斤计较，需要淡泊名利，尽量把荣誉留给最需要的人。淡泊名利不仅是一种境界，也是为人处世的一种方略，唯有不计个人眼前得失的人，才能登上更高的人生高峰。

作为现代人，不仅要有新的思想和见解，还要在别人面前很好地表达出来；不仅要用自己的行为对社会作贡献，还要用自己的语言去感染、说服别人。师范生未来的工作要与学生、家长、同事交流，更应该主动锤炼自己有效沟通的能力。

第三节　师范生如何提高沟通能力

作为一名师范生，良好的沟通能力是在未来成为一名合格教师的基础，也是一位优秀教师的必备技能。在学校环境中，要面对不同的群体，对待不同的角色，要选取适合的沟通方式，做到进退有度、耐心真诚。

一、与家长的沟通

（一）真诚专业，用真心作沟通的纽带

在与家长进行沟通和交流的过程中，要专业而真诚。专业体现的是权威，真诚展现的是态度。只有对家长展现诚意，才会获得理解和支持。无论是家访还是请家长到学校交流，都应该设定为帮助家庭解决孩子教育问题的朋友的角色，首先是亲切，其次是专业。这样与家长交流就会变得更为简单。应在取得家长信任的基础上客观理性分析事情的问题所在，设身处地提供意见建议。

当家长前来拜访时，应在细节上体现平等真诚。如起身来表示欢迎，站起送行等。对于家长的诉求，教师需要耐心倾听并进行有针对性的回应。这些细节的把握，会让家长感受到你是一位值得信赖的老师。谈话前，要认真做好准备，可以把谈话内容梳理记录，要提前掌握学生详细情况，包括：学业表现、个性特质、长处与短处、家庭情况等。

鼓励家长分享自己的观点也是至关重要的。持有谦逊和真诚的态度，耐心地倾听，能让家长觉得自己受到了高度的重视。在听取家长的意见和建议时，还可以通过眼神、手势或插入"对"或"是"这样的词汇来进行回应，这会给家长极大的正向暗示，有助于实现沟通目的。

（二）学会与各种不同类型的家长进行有效沟通

现实的家庭教育千差万别，在与不同学生家长的沟通中，把握个性化也很重要。班主任要对学生的家庭环境进行深入的调查和分析，以便对家长的教育程度、职业状态、年纪、家庭教育观念以及家庭关系有一个比较清晰的了解。

1. 对于有良好教育背景的家长

应该真实地向他们反映学生的行为，认真听取他们的反馈，选择在适当的时候分享自己的观点，与家长共同努力，确保教育工作的顺利进行。

2. 对于有溺爱倾向的家长

要对他们关心爱护子女的行为表示理解,只是在爱的形式和程度方面加以诚恳专业的建议。要以耐心和善的方式说服家长,将来以正确的方法来教育他们的孩子。

3. 对于普通型的家长

要更多地分享好消息,先不要提及坏消息。这样可以激发他们对孩子的关心和期待,改变他们对孩子的消极态度,并可以激励他们积极参与孩子的教育过程。

4. 对于学困生的家长

应该帮助他们增强对孩子的信心。要建立一个共识:学习成绩只是评价孩子的一方面,要多关注孩子身上的优点,要依托孩子身上的优点增强他们发展的信心。要多看到他们的进步,并看到他们的希望。只有家长和孩子都充满信心时,才是转化学生的最好契机。

二、与同事的沟通

(一)学会倾听

与人交流时,不仅需要知道如何表达,更需要知道如何倾听。倾听是有效沟通的基础。人们有时随意批评或发表不明智的言论,往往是因为他不关心别人想说什么,只想控制整个对话的氛围。因此,必须学会倾听对方谈话的真实态度和潜在内容,才能使谈话顺利进行。与同事交往中,先要准确把握对方的说话意图和真实表达的内容。

(二)三思而后说

说话前,首先要想一想自己要表达什么。为了避免受到不恰当的指责,在发表任何言论之前,都应该审视自己的想法和表达方式。在准备说出口之前,需先思考一下："如果有人这样对我说，我会有什么感受？""我的意见和建议是否正确？""我所提出的批评，是对我们有害的还是对我们有益的？"在众多场合中，如果能投入更多的时间，站在他人的角度思考，那么就不会说出不恰当的话。

（三）如果说错话，应立即表示歉意

有勇气承认错误是至关重要的。当意识到自己说的话可能伤害了他人时，要及时表达歉意。人们有时可能会说些不准确的话。有时候是由于不小心，有时候也可能因为一时的冲动，或者是由于一时的误会而说错话。但是，必须意识到自己说出了不应该说的话，应立刻采取措施纠正，以防事情变得更糟。

三、与学生的沟通

（一）必须确保师生之间的平等理念得到真正的落实

一名学生对当前的教育状况和考试制度表达了不同意见。首先，班主任在与他交流时，没有必要立刻反驳他的观点，而是应该先找到他言论中的合理部分，慢慢引导他理性科学认识现实：迄今为止，没有一种教育制度是完美无缺的。其次，要让学生参与到讨论中。教师在面对有争议的问题时，可以与学生进行深入的讨论，如果意见不能达成一致，可以先暂时放置一旁，之后再进行讨论，而不是强行要求学生遵循。

（二）擅长寻找与学生之间的共通之处

当教师与学生进行对话时，他们不只是为学生提供帮助，更多的是与学生进行日常生活中的深入交流。教师与学生交谈中包含着许多思想火花，包括情感、观点、看法等。这样的互动有助于深化师生之间的情感纽带，并保持他们之间的和谐关系。这种交流不仅是语言上的沟通，更是心灵上的交流。和谐的人际关系对于解决教育上的难题大有裨益。和谐的师生关系是建立在师生更多

的共通之处上的，教师要发挥主导作用，多寻找彼此间的共识。

（三）学会一些改进人际交往的小技巧

例如，可以适当调整对学生的称呼方式；用眼神交流、倾听和鼓励等。在充分了解学生的性格特点后，可以采取一些身体动作，如轻轻拍打肩膀、握手等。在学生的某些特殊日子，例如生日，为他们带来一些意想不到的惊喜，诸如此类。当教师与学生形成"内部关系"时，学生更容易理解教师的话语，从而使教育过程中的障碍降至最低。

【拓展阅读】

沟通案例模拟练习

案例：

学生李明性格内向，从不主动与老师和同学交流，课堂上也几乎不主动发言。班主任赵老师接班没多久，就开始不断收到李明妈妈的短信。李明妈妈在短信里传递了这样的信息：自己是大学教师，孩子的爸爸博士毕业；自己的孩子一直都很优秀，但自从换了班主任后，孩子各方面的表现越来越不尽如人意了。李明妈妈的短信不是希望赵老师多多鼓励李明，让李明更自信、更乐观，而是建议赵老师注意创设良好的班级氛围，提升班级凝聚力……如果赵老师没有及时回复短信，还会受到李明妈妈的批评，告诉赵老师要懂得尊重。

案例解读：

在这则情景案例中，家长诉求的背后反映了三个问题，需要以切实的行动去解决。

（1）李明妈妈不断发短信，并急着要收到回复。这反映了家长在孩子教育中存在过度焦虑的问题。

（2）李明的同学交往、课堂参与情况存在问题。这可能与学生自身性格、新集体适应、家庭环境等有关系，班主任需要厘清原因后采取相应措施。

（3）李明妈妈的诉求超出了家校沟通的正常限度，班主任需要明确家校沟通与合作的原则与底线，分清学校教育和家庭教育的边界。

问题1是家长的心态，问题2是学生的状态，而前两个问题共同促生了第3个问题，这也是这则情景案例中最突出的显性问题。

对于李明妈妈的焦虑，班主任应通过丰富生动的典型案例为孩子的未来发展提供参考，稳定和安抚家长的情绪。此外，对于这个家庭，班主任要鼓励父亲的必要介入，分担母亲的家庭教育压力。

对于李明的同学交往、课堂发言等状况，班主任可以通过组建学习小组或其他兴趣小组、职能团队，帮助学生在集体中找到归属感。在班级学习活动和实践活动中，多给李明一些展示机会并及时给予反馈评价。

对于李明妈妈的"越位"问题，班主任应讲清教师在校期间尤其是教学时间内手机使用的限制，不能及时回复短信是客观条件限制下的无奈，也是自然状况，并不意味着不尊重家长，尊重应该体现在切实解决问题的行动上。

对于李明妈妈的诉求，班主任要适当引导。李明妈妈对教育有着自己的思考，班主任可以通过"教师—家长—学生"三方会谈，开诚布公地交流各自的想法，这样的会谈往往是理性而高效的。班主任还可以邀请李明妈妈参与班级事务，让李明妈妈在与其他家长的深入接触与交流中，从不同维度增进对班级的了解，形成对孩子发展和对家庭教育的正确认知。

【发展启示】

魏书生老师曾经说过，做老师就要做班主任，教书与育人密不可分。师范生要以做一名合格的班主任为目标要求，完善自己的知识结构，锻炼自己善于沟通协调的能力。

1. 知识结构合理，善做思想工作

优秀的班主任要"上晓天文，下知地理，纵观古今"。一位知识渊博的班主任，更容易得到学生的信任，在班级中树立威信，也能更好地对学生进行说服教育，帮助教育者形成正确的价值观。首先，班主任教师要是一名优秀的学科教师。学科知识扎实，教授方法适当，才会得到学生的认可，提升自己的权威性；其次，班主任教师要是杂家。要精通教育社会学、教育管理学、教育经济学、教育法学、学校卫生学等理论知识，特别是心理学知识，做个了解人、理解人的人。思想工作的起点是对对方的了解和理解，正如乌申斯基所说，如果教育家希望从一切方面去教育人，那么就必须首先从一切方面去了解人。

2. 学会教育力量的协调，形成育人的合力

教育力量指学校、家庭、社会等各方教育有机联系与相互促进所形成的影响学生成长的力量。在诸多教育力量中，学校教育起着主导作用。而落实到学校教育内部，班主任则起着关键作用，师范生要有意识训练自己的沟通协调能力，可以在日后成为教师时，能在校内，把各科任课教师、学校各级教育组织联系起来，形成促进学生成长的校内教育合力；可以在校外，代表学校，起到沟通学校教育与社会、家庭教育的桥梁作用。

> **思考与讨论**
> 1. 同事之间产生矛盾时，如何通过有效的沟通来解决？
> 2. 如果和对方目标不一致，你会怎样促使双方达成共识？
> 3. 当学生情绪低落的时候，应如何与其沟通？

第六章
提高学习能力

> **学习目标**
> - 知道什么是学习能力。
> - 了解学习能力的分类。
> - 学做一个善于学习的人。

智能时代的来临,知识的壁垒被打破,学生某方面的知识储备超越教师将变得越来越平常,教师唯有不断学习,适应时代的发展,才能跟上时代的节奏,获得学生的认可。如何不断提高学习能力,成为合格的终身学习者,是实现成功职业生涯的第三课。

第一节 什么是学习能力

一、学习能力的含义

(一)学习能力

学习能力是指人在学习过程中所具有的各种潜能和能力的总和。对于个人来说,它包括能够容纳和存储知识、信息的种类与数量,行为活动的类型、新旧信息的交换能力等，具体的表现为：如何学、怎样学和学习的效果如何。

（二）学习能力的价值

1. 学习能力是第一能力

一个人的学习能力往往决定了一个人竞争力的高低。智能时代，知识总量迅速扩张，知识老化速度也越来越快。要实现职业理想，适应瞬息万变的环境，就必须树立与时俱进的终身学习观，不断地学习，只有这样，才能取得比竞争对手更多的优势和机会，才能实现可持续性的成功。所以，在众多的能力之中，学习能力是首要的，是制胜的法宝，也是未来社会发展中最有价值的能力之一。

2. 学习能力是可持续成功的保证

如果想成就一件事业，那么就必须要不断地学习以适应环境变化的要求。在当今时代，职业的生命周期已经变得非常短暂，今天所谓热门的职业，明天就有可能消失，唯有不断地学习，提高自己的适应能力，学会新的本领，提升自己的竞争力，才能在事业上持续地获得成功。"学习能力"是实现可持续成功的保障，当通过不断学习超越了以往的表现，才能保持事业的长青。

二、终身学习

（一）终身学习的含义

终身学习是从终身教育演变过来的，英国教育家耶克斯利于1929年首次提出了"终身教育"这一理念，并发表了《终身教育》一书，但尚未形成一套完整、系统的理论体系。保罗·朗格朗，法国教育家，在20世纪60年代，系统提出了"终身教育"这一概念，是一种具有普遍性与特殊性的教学方法。终身学习的首要层面是个人擅长规划学习过程与时间，第二个层面是个人在一定的时空维度上拥有一定的学习能力，它要求学习者能够根据当前的情况对自身进行调整,以达到与社会相适应的目的。

(二)终身学习的特性

1. 终身学习是现代教育思想的主导理念

"终身学习"并不只是一个全新的词汇,更是现代教育思想的主导理念,随着生产力的进步,社会也在持续向前发展,在此推动下,人的积极学习成为了其存在和发展的主要内容。

2. 终身学习强调学习者的主观能动性

如果说终身教育是为了对原本的教学模式和传统观念进行变革,那么终身学习就是要使学习者养成终身学习意识,对自己的学习行为进行选择,在整个生命过程中,他们都有权利和义务去更新知识,学习新的技能。终身学习是一个人终身所具有的一种的综合性学习能力,这种能力表现为:个人对终身学习的观念有一种认同;具有终身学习的积极性;主动地为终身学习做好准备;采用一种适宜的学习方式和方法来实现终身学习;可以在后天的学习与实践中培养出终身学习。

3. 终身学习可以为学习者带来美好的未来

"终身学习"弥补了一次性学习的缺陷,使学习者能够在人生的任何一个阶段和任何地方,将他们所学到的知识和技巧进行有效地利用,从而达到自主探索、自主发展的目的,进而持续地创造出多彩的人生。

第二节 如何做善于学习的人

学习是人类的一种本能,要想让自己的生活变得更好,就需要不断地提升自己的知识和技巧,提高自己的抵御风险的能力。"物竞天择,适者生存"的思想在当今社会尤为重要,因此,师范生要及早树立正确的学习理念,做一个善于学习的人。

一、制订合理的学习目标

（一）确定学习目标

学习目标是学习者预期达到的学习具体结果。有了明确的学习目标，就会精力集中，始终处于一种主动进取的竞技状态。学习目标越鲜明、越具体，就越有益于成功。学习者可以结合自己的长期学习需要和近期的学习需要，制订相应的目标。

为了保证学习目标的有效，在目标的制订中要遵循 SMART 原则。SMART 是五个英文单词首字母的缩写，每个字母代表了设定目标时应该遵循的一个重要原则：

S 代表具体（Specific）：指目标要切中特定的指标，不能笼统。

M 代表可度量（Measurable）：指目标要数量化或者行为化的，验证目标的数据或者信息是可以获得的。

A 代表可实现（Attainable）：指目标在付出努力的情况下可以实现，避免设立过高或过低的目标。

R 代表相关性（Relevant）：指目标是与学习工作的其他目标是相关联的。

T 代表有时限（Time-bound）：要有完成目标的特定期限。

（二）明确学习计划

"凡事预则立，不预则废。"学习计划就是实现学习目标的蓝图，它对学习效率的提高起着至关重要的作用。

一个好的学习计划，必须能够明确回答出 3 个问题，即做什么？怎么做？何时做？这就相应地形成了计划的 3 个基本内容：任务、措施和步骤。

明确学习计划，首先需要根据内外部环境的分析确定学习的具体任务，具体任务也就是学习的具体内容，它与学习目标有着密切的联系，是学习目标的具体化；其次必须选择切实可行的措施方法，以保证任务的具体落实；最后还需充分考虑时间的因素，科学合理地利用和分配时间，使学习活动有条不紊地进行。

当然，在制订学习计划时，必须注意：

（1）学习计划要符合自身的实际情况。

（2）目标任务的确定要从实际出发，切实可行。

（3）学习内容的确定要具体，尽可能量化。

（4）学习任务的安排，既要考虑全面周到，又要保证重点。

（5）时间的安排要合理科学。

（6）长计划与短安排相结合，灵活多变。

（7）积极寻求支持、请人指导，听取别人的意见。

（8）着重行动。

（三）合理安排学习时间

你是否会想在同一段时间内完成几件事情，但总是完不成？

你是否会因顾虑其他的杂事而无法集中精力做目前该做的事或该学习的内容？

如果学习计划被突发事件打断，你是否会觉得可原谅而不必找时间弥补？

你是否常常一天下来总觉得很累，却又好像没有做什么事？

如果回答都是"是"，就说明你还不能合理安排自己要做的事情，不能合理有效地对有限的时间做出规划。科学合理地安排学习的时间，保证计划的完成，需要从以下做起：

（1）对每一项任务进行细分，明确行动的步骤和具体的时间安排。

（2）对不重要的事情说"不"。

（3）改变拖延的习惯。

（4）做好"时间日志"。

二、严格落实学习计划

计划如果不付诸实践，犹如一朵重瓣的玫瑰，虽然花色艳丽，香味馥郁，凋谢了却没有种子。要想积极有效地实施学习计划，提升学习能力，必须做好以下几项工作。

（一）落实学习任务

按时落实你的学习任务，需要学会专注和排除外界各种干扰。学会专注就是学会把意识集中在某个特定的欲望上，积极寻找实现这项欲望的方法，并成功地将之付诸实践。在目标实现的道路上，良好的习惯能够帮助人专注于自己的工作。卡内基提出，做好工作，按时落实任务必须要具备4种工作习惯：

（1）消除桌上所有的纸张，只留下与正要处理的事务有关的纸张。

（2）按事情的重要程度来做事。

（3）在碰到问题时，如果必须作出决定，就当场解决，不要迟疑不决。

（4）学会如何组织、分层负责和监督，不必事事躬亲。

（二）选择学习方法

每个人的思维方式和个性不同，也就有不同的学习风格。一个人要想积极主动地学习，执行计划，必须对自己的学习风格、偏好、个性有所了解，充分利用自己的优势、潜质，找到适合自己的学习方法，从而提升学习能力。

学习心理学家Kolb把学习风格分为发散型、同化型、聚合型和顺应型，并从两个维度来定义这四种类型，其中，偏向于具体经验与反思观测的是发散型的学习风格，倾向于反思与抽象归纳的是同化型的学习风格，倾向于抽象归纳与积极实践的是聚合型的学习风格，倾向于积极实践与具体经验的是顺应型的学习风格。

（1）发散型学习者，善于观察具体情境，想象力和情感丰富，可以在学习过程中采用小组讨论或"头脑风暴"等学习方式。

（2）同化型学习者，喜欢抽象的理论和逻辑思维，可以在学习过程中采用阅读或听讲座等学习方式。

（3）聚合型学习者，善于发现理论的实际用途，可以在学习过程中采用实验室工作等学习方式。

（4）顺应型学习者，善于执行计划，可以在学习过程中采用与人合作等学习方式来完成学习任务。

（三）提高学习效率

积极实施学习计划，需要借助于各种资源来提高执行的效果。资源利用得越多越充分，执行的效果就越好，学习目标就越容易达到。因此，需要主动地学习、主动地寻找对问题解决有益的资源，并充分利用，促使学习效率的提高。

可以寻找教师、同学、同事、朋友、亲戚的帮助与支持来执行计划，实现学习目标；也可以借助于其他的人际关系帮助你取得更多的学习资源；还可以利用信息化手段，采用灵活多样的技术借助于文字、图像、音频、视频、软件等工具提高你的学习效率。总之，尽可能主动寻求各种有助于学习的资源，充分利用，学习效果将会事半功倍。对于职场上的人而言尤为重要。

（四）调整学习计划

计划在执行的过程中，随时会遇到意想不到的变化，如果这些变化对目标的实现会产生重大影响，就必须及时调整计划，采取新的措施推动任务的具体落实，必要的时候甚至要适当调整学习目标。

变化可能来自内部，也可能来自外部，但无论是哪种的改变，只要影响到学习目标的实现，就需要及时修订计划，调整个人行为，以保证目标的最终落实。

三、正确评估学习效果

评估和反馈是为了更好地学习，更好地执行自己的计划，实现终身学习的正循环。因此，在学习过程中，学习者要不断地评估和反馈学习成效，来提升自己的学习力。

（一）正确地进行自我评估，提高学习效率

哈佛大学教授柯比在《学习力》中指出："回避错误的人是弱者，正视错误的人是强者，能够从错误中吸取教训、总结经验、反思自我并继续努力的人，才称得上是成功的学习者。"

同样在学习过程中，也需要每年、每月、每周甚至每天来检测学习目标的实现程度，了解达到目标的途径是否合理正确，方法是否科学有效，只有不断地进行正确的自我评估，查找问题，改掉缺点，才能取得真正的进步。

正确的自我评估需要对学习的过程和学习的结果进行科学合理的评价，学习过程的评估主要包含：学习内容的评估、学习进度的评估、学习方法的评估、目标实现途径的评估、行为的评估。

而学习结果的评估主要侧重于：目标的实现程度、学习的效率。

当然，不能仅仅停留在评估本身上，还需要根据评估的结果不断调整优化学习计划。

（二）寻找产生问题的原因，弥补不足

爱因斯坦在研究广义相对论时，连续研究几年却进展不大，成果甚微，经过仔细评估和分析，原来是数学基础薄弱所致，为此，他只有放下手头的研究工作，重新补习数学课程。"书到用时方恨少"，针对工作、生活及个人发展的需要，每个人都可能会发生类似爱因斯坦的问题。

学习过程中，肯定会遇到各种各样的影响因素阻碍目标的实现，需要根据评估学习的结果进行准确归因，查找问题的症结，并对症下药，才能改进学

习，提高学习效果。

（三）运用学习成果，主动迁移

古人讲举一反三、触类旁通，意思是掌握某种知识后，对相类似的东西可以联系已学的知识，不学自通，这就是学习的迁移现象。

聪明的学习者能够有效地运用学习成果，主动迁移，发挥事半功倍的效果，最大限度地激发潜能，培养自己发现问题、分析问题和创造性地解决问题的能力。一个人能力的形成和发展是通过知识的广泛获得及广泛的迁移实现的。

在运用学习成果主动迁移的过程中，要积极发现一种学习对另一种学习产生的积极促进作用，避免干扰，推进知识的正向迁移。

1. 掌握基本知识、基本技能

由于基础知识和基本技能是知识的"骨干"，是联系支持技能的中心，所以掌握的基础知识，基本技能越多就越能产生正迁移。从而顺利掌握新知识、新技能。

2. 提高概括水平，加强对知识的理解

由于知识经验的概括水平，是影响正迁移的又一重要因素，所以具有高度概括能力的人，更容易发现新旧知识技能间的关系，这样就有利于新旧知识技能间的正迁移。

3. 加强学习方法的指导

学习迁移策略，提高迁移意识性。研究证明，学习策略及元认知策略具有广泛的迁移性，同时又能提高学习者对迁移的意识性。

4. 积极创造迁移的有利情境

注意启发性，培养良好的思维品质。要使学得的知识、技能、思维方法、学习态度等能够得到迁移，并且能够因迁移而产生积极的结果，还需要克服思维品质中的消极因素。

第三节　师范生如何提高学习能力

师范生在提高学习能力的过程中，要注重培养学习的科学性和针对性。作为一个处于信息化社会中的师范生，要学会对各种教学资源进行有效地筛选与利用，掌握事物之间的联系，以恰当的方式进行思考。除此之外，还要调动自己学习的积极性，了解自己的兴趣爱好，从兴趣入手提高学习动力，从未来教师的职业特点出发提高学习的针对性。

一、利用泛化学习资源

在现代信息化社会中，学习资源的多样化给师范生带来了多种选择和广阔的发展空间。师范生通过各种途径获得知识与信息，利用这些学习资源可以有效地提高学习效率和促进个人发展。

（一）国家智慧教育平台

国家智慧教育公共服务平台是由中华人民共和国教育部指导，教育部教育技术与资源发展中心（中央电化教育馆）主办的智慧教育平台。这是一个为全国高校师生和社会学习者提供高效便捷的教与学服务的国家级资源平台。这还是一个为中央和地方教育行政部门和高校提供教与学大数据分析研判的智能化管理平台。

师范生可以从平台资源中筛选出自己目标学习活动所需要的合适资源和活动素材，如借助平台提供的任务单、作业习题以及微课资源开展活动设计。除了教学活动设计的资源外，师范生还可以在平台中观看优秀的讲课视频，学习教师规范的仪表、仪态以及手势语等。

（二）哔哩哔哩

哔哩哔哩作为一个中国年轻世代高度聚集的文化社区和视频平台，其丰富的信息资源非常适合师范生进行学习。如课程学习，流程如下：

打开哔哩哔哩 App，进入我的页面，点击"我的课程"选项。

进入我的课程界面，点击右上角"课堂专区"选项。

进入课堂专区，点击"考试考证"选项。

进入找课界面，选择"大学学科"，然后选择大学课程学习即可。

（三）全国师范院校师范生教学技能竞赛官网

全国师范院校师范生教学技能竞赛官网中包括文件通知、赛事规程、新闻动态、赛事日程、材料下载和历届作品等。师范生可以在该网站中报名参加比赛，随时了解赛事动态；还可以观看历届作品，在这些优秀的比赛视频中学习进步。

二、充分利用自主时间

"人们眼中的天才之所以卓越非凡，并非天资超人一等，而是付出了持续不断的努力。1 万小时的锤炼是任何人从平凡变成世界级大师的必要条件。"是作家格拉德威尔在《异类》一书中指出的定律，他也将此称为"一万小时定律"。也就是说，大多数的成功都是在最枯燥的重复中掌握了达到最高深的艺术境界。因此，师范生要在平时的学习生活中利用好自己的自学时间，来提高自己的自学能力，以便日后走向成功。

三、借助学习工具

学会借助学习工具也是提高自学能力的关键，良好的学习工具往往会大幅度提高人的学习效果。

（一）电子图书馆

传统意义上的图书馆是学习者获取知识的重要场所。除了实体的图书馆外，线上的电子图书馆，可以为学习者提供更为便利和丰富的学习资源。师范生可以通过这些学习资源，进行深入的研究和学习，从而提高自己的学习能力和学术素养。

（二）教师资格App

师范生应利用好一切现代化资源，如今类似教师资格考试的App已经越来越多，师范生通过手机、平板等设备就能实现线上学习，这种方式也有效地利用了师范生的碎片化时间，比如排队等车时就可以在App中刷一刷选择题，背一背知识点。

（三）教育类微信公众号

师范生应学会收集各类有效信息，微信公众号作为广泛的信息来源，具有多方面的信息资源，其中各类名师、名校以及优秀教育期刊杂志都创立了属于自己的微信公众号，并在公众号上发布一些文章，关注这些公众号发布的内容对于提高师范生的专业前沿性很有帮助。

四、学习现代教育技术

教育技术主要是指教育学、教育技术、信息技术、多媒体技术等方面的基本知识和技能。随着信息与通信技术快速发展，当前的教育技术也趋向智能化，像广泛应用的众多社会性工具软件一样，现代的教育技术也将具有十分广阔的教育应用前景，是教师专业成长的重要途径之一。

（一）微课

微课，是指运用信息技术按照认知规律，呈现碎片化学习内容、过程及扩展素材的结构化数字资源。它既是一种有别于传统单一资源类型的教学资源，又是一种在其基础上继承和发展起来的新型教学资源。"微课"的核心组成内容是课堂教学视频（课例片段），同时还包含与该教学主题相关的教学设计、素材课件、教学反思、练习测试及学生反馈、教师点评等辅助性教学资源。因此，利用好微课这一教育技术，可以有效地拓宽师范生的视野，助其查阅更加充实的教学资料，从而提高自身的教学技能。

（二）人工智能白板

伴随着人工智能时代的来临，市场上出现了越来越多的辅助教学软件，为更好地完成教学工作，培养学生的学习兴趣，构建高效率的课堂。人工智能白板作为一种有效的教学手段，师范生在教学过程中运用其生动而丰富的材料，能够让学生对课程产生浓厚的兴趣；运用其简单实用的功能，能够让学生们更好地提升自己的学习效果；而其交互式的教学方式也能极大地提升学生的课堂参与程度。因此，人工智能白板是师范生亟须学习的一大教育技术。

（三）智慧教室

智慧教室是一种典型的智慧学习环境的体现，是一种高级形式的多媒体网络教室，它是一种利用物联网技术、云计算技术和智能技术等手段建立起来的一种新型的课堂，它由有形的实体空间和非实体的数字空间组成，用各种智能设备来辅助展示教学内容，方便学习资源的获取，促进课堂互动的进行，从而达到情境感知和环境管理的目的。师范生学习应用智慧教室的技能，可以大大地提高自己未来的工作效率，从而提升工作幸福感。

【拓展阅读】

唯有学习，才能越重山，跨峻岭

1996年7月陈力毕业于吉林省外国语师范学校，后来又完成了东北师范大学英语专业专科、本科的进修，通过英语专业八级考试并取得合格证书，现就职于四平市第二实验小学，是四平市铁西区小学英语兼职教研员、铁西区优秀研究型教师；被评为市级骨干教师，四平市教学先进个人；四平市教育科研骨干；四平市教学能手。后被认定为吉林省骨干教师、吉林省小学英语学科带头人；吉林省支援农村教育先进个人；吉林省小学英语名师工作室主持人。陈力老师在他的成功经历中，展现出了极其强大的学习能力。

1. 善于学习

可以说，陈老师是随时随地都在学习。去福建参加教研活动的时候，他有幸认识了东师附小的孙维华老师，在孙老师帮助下设计了一次展示课的教学活动。于是在教研期间，他们在雨中研讨，在微机室研讨，在去饭厅的路上研讨，在课前研讨，在课后研讨。这一研讨经历也给陈老师留下深深的感动与感触。

2. 合作互助

陈老师还重视学习过程中的合作互助。他始终认为帮助别人就是在帮助自己，在工作室的成员们指导大学生的过程中，他自己也在查阅大量的资料，并精心准备示范课。陈老师工作室的成员之间经常进行这种联动式的教学研讨，当有成员要讲公开课的时候，便会在工作室QQ上求助，每个工作室成员都在群内答疑，有的老师对教材的知识点有质疑，有的老师发现了好的网站马上就会在群里分享。群策群力地帮忙出主意。当一个知识点有多个精彩的设计时，每个人也都会兴奋不已。

3. 终身学习

在陈老师的身上我们可以看到终身学习的理念。他曾感悟到：如果说经验能够决定教师职业的宽度，那么理论水平能决定高度。为此，陈老师通过努力考上了吉林师范大学的研究生，在读研的两年里，陈老师开始用理论武装自己，也顺利地成为一名研究型教师。研究型教师是名师成长的重要转折点，也是名师的最终归宿，在教学实践中研究，在研究的过程中进行教学改革，进而成为良性循环。

总而言之，陈老师认为从一位普通的教师到一位优秀的名师，成长永远在路上。在不断学习的过程中，我们迈向新高度，超越旧我；不断超越的过程又是生命成长的过程，螺旋上升才能得从量变发展到质变。万事开头难，如果能一开始就确立坚定的教育目标和正确的学习方法，那么在教师专业发展的道路上便会少一些迷茫，多一分坚定，锲而不舍地朝向名师的成长道路前进。

【发展启示】

高质量的教育源于高质量的教师队伍，教师素质修养的提高，是一个长期的过程，陈力老师坚持终身学习，坚持理论学习与实践提升相结合，最终在外语教学领域取得不错的成绩。著名教育家李镇西老师也提出教师的学习之路。

1. 乐于请教，勇于思考

师范生可以利用见习、实习的机会向中老年教师以及其他优秀教师请教，长期观察、跟班学习，悉心领会其教育思想和带班艺术；可以通过开会、讲座等途径主动结识名师，读他们的著作、观看优秀课例等继续向其学习。学而不思则罔，在向教育专家学习时，也不应不加分析地盲目照搬，而应经过自己的头脑，结合自己的实际情况消化、吸收。

2. 广于阅读，勤于写作

师范生的阅读内容可侧重于四个方面：一是经典教育理论书籍，包括教育学、心理学、教育史等著作。二是杰出教育家的专著。在有了一定的阅读基础之后，我们可根据自己的情况，选择某一位或某几位教育家的著作系统阅读，重点研究。三是反映国内外教育研究最新观点、最新动态的教育报刊。阅读这些报刊，可以使我们从别人的研究中或者受到启发。四是反映青少年学生生活、心理的各类读物，包括学生写的和写学生的散文、小说、报告文学等。如果说，阅读是吸收，写作就是输出。写作的内容可以包括四个方面：一是记录自己平时在教育教学方面的思想火花：一次联想、一回顿悟、一个念头、一缕思绪……都可以以随感、格言的形式记录下来。二是教育笔记：在班级教育与管理中成功或失败的做法，对"特殊学生"的跟踪教育等。三是教改实验报告、学生心理调查报告、班主任工作总结等材料。四是根据自己的工作经验或体会写成的有一定理论高度的教育论文。

思考与讨论

1. 如果你要考取教育硕士，你要做哪些准备？
2. 如何拟订一份最近的学习计划？

第七章

培养合作能力

📚 学习目标

- 认识什么是合作。
- 正确看待合作与竞争。
- 掌握提高合作能力的策略。

随着社会生产力的发展,科技日新月异,社会生活中充满着竞争,同时也充满合作。合作与竞争虽然在形式上是对立的,但在现实生活中是相伴相随的。竞争中常常包含着合作,合作中也常常包含着竞争。正如林格伦所说:"竞争确实是我们生活的一部分,即使我们试图将它逐出学校之外,也是办不到的。"因此"学校不得不教育孩子去竞争,因为这是个竞争的世界"。但林格伦也认为,过度的竞争带来的常常是两败俱伤,而合作往往会带来双赢。职业生涯的过程是竞争和合作交织的过程,如何把握合作的主流,做一个"合群"的人,是实现成功职业生涯的第四课。

第一节 什么是合作能力

《淮南子》有云:"用众人之力,则无往而不胜也。"这里的力不是力量,而是能力。一人的能力有限,取众人之所长,集合众之力,方能所向披靡。

一、合作及合作能力

合作是指个人与个人、群体与群体之间为达到共同目的，彼此相互配合的一种联合行动。但它并不是合作者之间的简单组合，而是需要个体或群体之间相互配合、相互支持。

合作能力，是从各种职业活动的工作能力中提炼出来，具有广泛的适应性和可迁移性的一种核心能力，它是指根据工作活动的需求，协商合作目标，相互配合工作，并调整合作方式以不断改善合作关系的能力，它是从事各种职业所必需的社会能力。在现代职业生活中，合作能力的强弱是职业发展的重要影响因素。

二、合作的原则

当今社会既强调明确的任务分工，也要求团队的协作。对于组织来说，成员间互相支持、友好协作，才能在日益激烈的竞争中立于不败之地；对于个人来讲，具有合作精神的人更容易获得别人的接受，更容易获得事业的成功、生活的愉快。建立良好的合作关系，需要遵循合作的原则。

（一）诚实守信

一般来讲，人们都愿与诚实守信的人合作，以免吃亏上当。一旦人们发现你有食言或不诚实的表现，就会在心理上产生反感，而对你失去信赖。诚实、守信主要指待人要真诚，与人相处要认真，决不要敷衍，说话办事要实事求是，不可弄虚作假，欺骗对方。一旦承诺对方就要切实履行，若当真为了不得已的原因而无法履行诺言时，应该及时向对方做出必要的解释，并表达你的歉意，不要寻找借口欺骗对方。

（二）平等待人

平等是人与人之间建立感情的基础，没有平等便没有了良好的合作关系，这里的平等是指人格上的平等。交往时要维护独立的人格不受侵犯，无论是上下级之间，还是长辈与晚辈之间，只是地位上或年龄上的差异，没有人格上的不平等。与人交往只有以平等的姿态出现，不盛气凌人，不高人一等，给别人以充分的尊敬，才能形成愉快、和谐的合作关系。

（三）尊重别人

尊敬和平等是相辅相成的，没有平等的态度便谈不上互相尊重，被尊重是人人都期望的，而且对尊重自己的人都有一种自然的亲近感、认同感。尊重是合作中重要的原则，因此在与人相处时，不管对方地位如何，才能如何，只要与之合作就应给予尊重，做到以礼相待，让对方感到受重视、受欢迎，从而为彼此的进一步合作打下良好的基础。

（四）互利互惠

在合作中要考虑双方的共同利益，满足共同的需要，要争取双赢的结果。需要注意的是这里的互利不单纯指经济、物质上的互利，还包括精神上的、心理上的互相需要、互相满足，体现在关心他人、爱护他人、帮助他人之中。

（五）彼此信任

信任是合作的基础和前提，互信能够提高团队合作，主要表现为：

1. 互信能使焦点集中于完成工作目标上

一个团队如果彼此不信任，这时人们可能变得疑神疑鬼，注意力不是集中在完成目标上，而是对成员行动的猜疑上。团队中人每做一件事可能要思考怎样才不得罪人，他们不再坚持正确的意见。彼此互信使大家的焦点集中在工作目标而不是其他方面。

2. 互信能提升合作的质量

互信有助于坦诚地分享信息；有助于鼓励团队成员冒险，有助于团队创新，有助于愉快合作。

3.互信能鼓励相互协作与支持

孔子说:"独学而无友,则孤陋而寡闻。"相互支持是很多团队成功的关键法宝,相互支持能激发团队成员的能量,能激发出更多的信心。例如,比尔·盖茨与同伴保罗·艾伦互相支持共同创办电脑公司,直到后来创办了微软公司。杨致远和戴维·费罗合作创办了著名的雅虎网络公司。

第二节 如何提升合作能力

合作不只是加法之和,合作是要让"1+1"产生＞2的结果。智慧的力量结合在一起,产生的力量是巨大的。

一、提升合作能力的策略

(一)明确合作目标

与人合作要任务明确,目标清晰。整个团队要搞清楚自己的目的和对组织的贡献,知道自己能够做什么,怎样去做,在共同目标之下,每人有自己的任务与目标。小溪汇入江海,个人融入团体。拧成一股绳,心往一处想,劲儿往一处使,围绕目标,形成团队合力。

(二)合理分配角色

在合作过程中,有可能会感觉自己的才华被压抑,大材小用了,如你是有指挥能力的班干部,在合作中被安排做端茶倒水的服务工作,但是为了共同的合作目标,你必须接受这样的安排并认同你要扮演的角色。在合作过程中,摆正自己的位置,无论是大任务还是小任务,能够圆满完成就是出色称职的队员。

（三）明确工作任务

合作计划最好以适宜的沟通方式，征求合作者的意见和建议，并经过多次磨合，得到大家广泛的认同，大家才会明确自己的工作任务。工作任务要具体可行，一项很庞大的工作，可以做任务分解，分解成一项项具体任务。合作者要明确工作任务和承担的责任。最好用文字的形式确定每人的任务与责任，这样会更有利于工作的完成。

（四）激发工作热情

要学会激发自己与合作者的工作热情。工作时要激情澎湃，满腔热情，自我鼓励。如果你是合作过程的主导者，要以正面激励的方式控制合作团队，激发合作伙伴的热情。"良言一句三冬暖，恶语伤人十日寒。"多发现合作者的优点，多用赞扬语句，如"今天做得太棒了"等语句；也可以用赞扬的非语言方式，如鼓励的眼神、亲切的握手、热烈的掌声等来激励他人。

（五）培养彼此的信任感

1. 开诚布公

人们所不知道的和人们所知道的都可能导致不信任。如果开诚布公，就可能带来信心和信任。因此，应该让人们充分了解信息，解释做出某项决策的原因，对于现存问题则坦诚相告，并充分地展示与之相关的信息。

2. 公平

在进行决策或采取行动之前，先考虑一下别人对决策或行动的客观性与公平性的看法。在进行绩效评估时，应该客观公平、不偏不倚。在分配奖励时，应该注意其平等性。

3. 用言语和行动来支持工作团队

当团队或团队成员受到外来者攻击时，维护他们的利益，展示对于工作群体的忠诚度。同时信任团队成员，表现出专业的技术才能和良好的保密意识以引起别人的仰慕和尊敬，同时注意培养和表现沟通、团队建设和人际交往技能等。

（六）抑制消极因素

在团队中可能会存在"不做事，却多事"的人，在团队中如果有"害群之马"存在，会严重伤害众人合作的积极性，甚至会使一个正常运转的团队变成一盘散沙。要从大局出发，最好消灭损害团队合作的现象，迫不得已只好限制影响合作的人行动，甚至清除出团队。在具体实施过程，巧妙地减少负面影响，可以采取限制其行动的办法，或者采取"冷处理"，置之不理，使多事的人感到无趣。

（七）遵守合作承诺

接受工作任务之后，就要积极行动，按照预定的时间表做事情，按时完成任务。工作要仔细认真，按照质量目标去完成任务，遵守合作的承诺。遇到意想不到的困难，想方设法克服困难，必要时，能够牺牲个人的利益，千方百计地履行承诺，通过行动，赢得他人信赖。与人合作，需要某种"傻子"精神，答应的事情，一定要履行承诺，做到最好。

（八）分享合作成果

要能够节制自己的欲望，在利益冲突面前，适当放弃自己的某些利益。在合作成果的分享中，避免平均主义，考虑合作的长远发展，使那些起关键作用的人得到激励，尽量实行"多劳多得，少劳少得"的分配制度。分享合作成果的关键是大家要控制欲望、按劳分配、不争（功）不抢（功）、互相谦让、知足常乐。

二、做好团队建设

（一）做个会合作的团队成员

建设团队，要从做一个会合作的团队成员开始。

1. 发掘他人的独特之处

在团队里，每位成员都有其独特的长处和短处。如果能把这些优点用适当方式表达出来，那么这个团队就会更加团结、更有战斗力。团队成员应当主动地在团队发掘团队成员积极的特质。如果团队中的每一个成员都能主动地去寻找其他成员所具有的积极特质，就会最大限度地发挥个体的能力，并促进团队良好氛围的形成，那么整个团队之间的合作将会更为流畅，从而提升团队的整体工作效能。善于发现团队成员的优点，并以适当的方式告诉他。

2. 对团队成员给予鼓励与赞誉

每个人都有被他人看重的需求，尤其是那些拥有创新思维的知识型员工更是这样。如果团队成员能够得到及时的激励和赞赏，那么，在他身上就会出现一股强大而持久的力量。每个团队成员要善于在项目中为表现优秀的团员喝彩，要善于对彼此抱有期待。这种"期望效应"就是一种心理暗示作用，往往容易产生积极的反应。此外，当你对他人抱有期望，他们也会对你抱有同样的期望。当你给予他人鼓励，你同样会受到他人的鼓舞。

3. 经常检查自己是否存在不足

善于自我批评和检讨，"如果有，就去改正；如果没有，就要加倍努力"。团队只有沟通、信任，才能形成凝聚力，整个团队才能形成合力。坦诚的自我批评，是团队协作的凝聚剂。错了就及时承认，实现团队的目标是最终的导向。

4. 保持谦逊的高尚品质

在团队里，每一个成员都有可能是某一专业领域的权威，因此需要始终保持谦逊的态度。没有人会喜欢那些傲慢和自大的人，这样的人在团队协作时也不会得到大家的认同。尽可能避免对任何人进行指责或滥权行为，只需向团队解释这一决定可能带来的后果，并分享团队所获得的经验和可能采取的措施，以防止此类错误再次发生。在团队中，你只需发挥你独有的价值，而不是你的脾气。

（二）提升团队凝聚力

1. 实行民主的管理方式

允许成员自由表达自己的观点，有利于调动成员的积极性和创造性，可以更加积极参与团队的管理。民主管理可以让成员把真实的想法表达出来，成员会以主人翁的姿态出谋划策，参与团队的管理。

2. 开展适度的竞争

过于平淡的生活易于让成员产生松懈、倦怠的情绪，降低团队的凝聚力。适度的竞争犹如石子划破水面激起点点浪花，给乏味的生活带来一丝惊喜。"相马不如赛马"讲的也是这个道理。适度的竞争有利于增强团队的凝聚力，特别是团队的竞争，有利于培养团队成员的集体主义精神，进而增强团队的凝聚力。

3. 满足成员的合理需要

美国人本主义心理学家马斯洛提出的著名的"需求层次理论"对培养团队的凝聚力也有所启发。关注成员的基本需求，尊重他们，让他们个人潜能得以充分发挥，成员就会感到心有所属，从而凝聚力得以提高。

4. 提升团队的士气

拿破仑曾说过，一支军队的实力 3/4 靠士气。同样，在团队中，要增强团队的凝聚力和战斗力，士气也是一个不可缺少的重要因素。一个团队若没有了士气，人心涣散，将不战而败。凝聚力强的团队，士气往往也高昂。

第三节　师范生如何培养合作能力

作为一名师范生，在学习和工作期间自觉地训练合作能力，对于自身的学习和未来的工作都至关重要。

一、学生期间的小组合作训练

（一）选取合适组员，分配学习任务

从选取合适的组员，进行合理的组队，开始训练团队合作能力。一起学习的同学的性格、学习能力、兴趣爱好等往往有很大差别，选取互补性的同学组成学习小组，有利于成员之间相互学习、取长补短。学会在学习小组内部合理分配任务。学习任务的分配要坚持扬长避短，要坚持广泛参与。要确保每个成员都知道自己的任务和角色，避免重复和缺漏。学习任务包括规定性任务和自定性任务，规定性任务是小组内部的分工，是每个人必须完成的部分，自定性任务是小组成员自选的任务。

（二）制订工作计划，选择工作方法

制订高效的工作计划是保证按时完成任务的前提。在分配了团队角色和小组任务后，应对自身的学业水平、自律性进行评估，根据任务难易度、截止日期远近来制订一个切实可行的工作计划。计划可以细化至每周、每天的目标，且要有一定弹性，以免其他突发任务的出现从而打乱工作计划。计划中也要包含自我检测的环节，确保在一步步完成计划的过程中收获感满满，自信心增强。

（三）加强组内沟通，实现资源共享

小组合作通常在课下时间完成，且没有教师指导，在遇到困难时，成员之间要学会相互帮助。高校信息资源库是师范生自主学习的主要资料来源，要充分利用好校园网、校园图书馆、数字化资源库，保证校内实现移动化学习。同时也要充分利用网络资源，师范生不仅要提高学术能力，教学实践能力也尤为重要。网站哔哩哔哩中的大量优质教学实例、试讲视频可供课余时间观看学习，微博平台、公众号平台中的众多学术刊物、教育领域热点话题也能够扩展师范生的学术视野。

（四）预留充足时间，保证成果质量

大学中小组合作成果展示通常分配到不同的教学周，师范生的学习任务时间交错、难易不同，有学期作业、课时作业、阶段作业等，在保证其他任务工作质量的前提下，尽早开展小组任务，避免拖延以至于临近截止日草草了事，做到游刃有余，高质量完成任务。

二、工作期间的小组合作

（一）开展教研合作

1. 促进教学理念更新

学科交流合作可以让教师分享教学经验和心得，从而促进教学理念的更新。教师们尤其是即将成为新手教师的师范生们在实践教学中往往会面临各种困难和挑战，通过学科教研活动，可以反思自身教学不足，学习其他教师的成功经验，为之后的教学实施提供灵感和改进思路。

2. 促进教师专业成长

学科交流合作中，教师可以探讨新的教学方法、教学模式、教学理念、教具的运用等，在多方的考量和比较中选择更适用于自己学生的教学课堂，从而

提高自身的教学能力。

3. 提高教师教学效率

在学科的教研活动中，教师可以共同探讨课程设定、教材选用、课外资源的整合等问题，统一全年级的教学进度，在教学中相互借鉴共享资源，使教学更加高效。例如，在英语教学中教师可以将练习题的音频资源与课件进行整合，在课上完成教材梳理解读和听力练耳训练，丰富了课堂内容，也提高了学习效率。

4. 提高教师教学能力

学科教研活动中，相互评课、磨课是提高教师教学技能的重要组成部分。教师在评课、磨课的过程中，优化教学设计、删减教学内容，共同反思、共同探讨、共同进步，从而提高自身的教学水平。学校也会不定时地邀请专家开展学科专项讲座，对于提高教师学术能力和思维方面有很大帮助。

（二）跨学科小组合作

跨学科合作教学是指不同学科之间的教师共同合作，将多个学科的知识和技能融合在一起，以解决现实问题或探索复杂的主题。通过跨学科合作教学，学生能够在不同领域中获得多方面的知识，同时培养解决问题的能力和团队合作精神。

跨学科合作教学能够让学生从不同学科角度切入了解问题，建构学生的多元思维体系，拓宽知识面，巩固学生各学科的知识掌握程度。在具体的跨学科合作教学实施中，需注意到以下几点：

各学科教师需要紧密合作，根据课程标准、课程目标和学生的发展需要，设计的跨学科合作项目既要达到各学科的课程要求，又不能项目过多、占时过长，要保证学生基础的学业提高。

各学科的课程内容要有机整合，形成相关的主题活动，在解决问题的过程中学生要运用到不同学科的知识与能力。

将学生划分成小组，选出组长与组员，在活动前期教师可以给予一定指导帮助，但主要的解决问题过程由学生完成，让他们在团队合作中思考问题、建言献策、解决问题。

在最后的评估环节采用多种评价方式，如小组展示、个人展示、公开展览等，构建多维度评价量表，重视过程性评价，妥善选用评价语言，从而了解学生在完成任务时对目标的实现度，锻炼提高实践能力。

【拓展阅读】

让教育在合作中发生

1. 那些看不见的价值，或许正是教育真正的本质

学校是一个学习的地方，而学习是为了更好地成长，不仅学生在成长，而且教师要和学生共同成长。这个成长，并不仅仅是获得解题的能力，最重要的是学习区别于人工智能的独特的能力，比如决策能力，问题解决能力，探究能力。

这些能力可以在交往中学习与成长，学校正提供了一个人与人交往的场景，学生与学生、学生与教师、教师与教师之间，结成了学习共同体，在共同体内，促进知识增长，激发创造思维，培养关键性能力。除此之外，还有很多并非显而易见的作用，那些看不见的价值，或许正是教育真正的本质。因为教育的本质并不在于传递知识，不在于训练学生成为有竞争力的"考生"，而是创造一种氛围，让孩子们生活其中，最终成为一个完整的人。

2. 理解了学习，要谈合作，就得"组建小组"

为了促进课堂交往与合作，就要让不一样的孩子在一起，他们虽然兴趣不同，学业水平不同，性格不同，性别不同，家庭文化背景不同，但正是这些差异，恰恰是一种可以充分利用的资源。让他们成为"命运共同体"，一荣俱荣，一损俱损，他们有共同的愿景和目标，有共同信守的规范，责任分摊，有福同享有难同当，有严格分工，却又能精诚合作。

那一个个如此与众不同的个体，组合成一个个全然不同的小组，构成这充

满生机与活力的班集体，当班级里，每个人、每个小组都在做真实的自己时，他们就都是最美的。在小组内，每个孩子都很重要！而要让小组从虫化为龙，就要公平竞争，要借助群体间的竞争增强群体内的团结，将群体变成"内群体"，成为相互依赖的团体。

3. 老师们赞美学生，学生们相互赞美，赞美应该成为课堂里的文化

在合作中鼓励和教会孩子们学会与他人相处，如何与同伴共同学习，学会为他人提供帮助，与他人分享经验，在交往中赞美和支持对方，并善于与他人合作，形成亲社会行为。没有任何一种亲社会行为比赞美他人更贴心的了，良好的课堂氛围就从赞美开始。而教会孩子们控制不良情绪则是防止良好氛围被破坏的最重要的方法。与学会赞美一样，控制情绪也要从教师抓起，要学会无条件地接纳自己、他人和这个世界，要通过训练逐步形成良好习惯，这一切的前提，都得是从教师自身做起。

4. 真正实施合作学习的教师，会让合作在课堂里无处不在

你是否发现学生上课积极性不高，不愿意举手发言，也不参与课堂讨论，你是否把责任都推给了学生，是否认为这在高年级学习中属于司空见惯，是很正常的现象？其实这些才是最不正常的。

作为教师，你是否抓住了课堂设计的依据，是否认真研究过教学系统，教学过程，是否精心设计好了"任务型问题"，是否只是将合作学习当作一个工具而已，有没有抱怨实行了合作学习课时不够用，是否在心中嫌合作学习浪费时间，有没有将激发动机蕴含在其中？有没有让学习与学生的个人目标有关？有没有消除学生的畏惧心理，使学生信心满满？有没有让学生对学习产生满足感？

所有这一切，我们在备课时都需要考虑，那么我们的备课就不仅仅是一课一时，而应是"用一生来备课"。

郑杰《为了学习的合作》

【发展启示】

良好的校园人际关系，可增强学生的学习动机，提高教学效果，同时有利于形成凝聚力，对学生的成长有很大的作用。师范生在四年的学习中要体验合作，学会合作。

1. 树立合作的意识，营造良好的人际关系

同学之间的人际交往不仅能及时沟通思想，发展能力，丰富知识、经验，增进感情，还能化解分歧和冲突，团结协作，共同进步。师范生要学习团队建设的知识，主动实践合作的能力，以营造和谐的同学关系为目标，训练提高自己合作的本领。

2. 理性看待冲突，学会化危为机

冲突有助于建设一个高绩效的团队，师范生学会在冲突中协调人际关系是非常重要的，不仅可以化解自己的人际交往危机，还可以学会解决未来教育场景中常面临的问题。首先，要认识冲突的现实价值。冲突有利于误解的快速解决，在经历适度冲突体验后，双方通过协调达成共识而建立起来的感情更加稳固。其次，要尊重心理、教育规律、了解人们的心理特点，善于从积极的方向加以疏导和转化。

> **思考与讨论**
>
> 1. 在新时代背景下，你如何学习与他人合作？
> 2. 团队合作时，怎样将"三个和尚没水喝"转变成"三个臭皮匠顶个诸葛亮"？
> 3. 当你的团队中出现成员想法不一致的情况时，你会怎样解决问题？

第八章

科学管理时间

> **学习目标**
> - 知道什么是时间管理。
> - 了解时间管理的四个象限。
> - 掌握时间管理的原则和方法。

人的一生有两大财富,一是智慧,二是时间。掌握好自己的时间,会关系到自己事业与人生的成功和失败。有学者计算过,每周有168个小时,如果其中的56个小时用来睡觉,21个小时用来吃饭和休息,那么还剩其余91个小时(一天13个)是由你自己来自由支配的。如何科学合理安排好这91个小时就是人成功的关键。怎样以价值为导向,以目标为基础来进行时间管理,这是一项非常重要的能力,它可以让人真正地掌握人生,朝着梦想扎实向前。学会科学管理时间,提高学习、工作效率,是实现成功职业生涯的第五课。

第一节 什么是时间管理

"时间是世界上一切成绩的土壤。时间给空想者痛苦,给发明者幸福。"如何让有限的时间发挥出最大的价值,让一分一秒都变得有意义,这便是时间管理的作用。

一、时间管理

时间管理最先出现在管理学中,它被称作"一种时间管理的技巧",指的是一种有效运用时间的技巧,尤其是要有充足的时间去做很多事情。克拉森和其他学者认为,时间管理是指为了完成特定的目的而进行的一种高效的利用时间的行为。值得一提的是,这一理论强调了利用时间的方式并非目的,是把它当作一种"工具",用来完成工作或者学习任务。范·埃德认为,时间管理并不只是安排时间,还应包括时间运用、计划、监督,以及组织目标等。

二、时间管理的原则

时间管理可以帮助人们更有效率地安排时间,减少工作和学习的压力。时间管理有助于人们建立一个高效的计划,减少压力,减少担忧,并使时间最大化。日程表并不会把一个人变成一个机器人,而是让人可以更自由地支配自己的时间。

(一)用好时间,创造价值

1. "用好时间"是方法

因为时间是最宝贵的资源,所以一定要好好规划,做好计划和安排,减少时间的浪费。

2. "创造价值"是目的

用好时间的目的是创造价值。时间如此宝贵,如果没有创造应有的价值,那就是在白白浪费时间。

(二)把时间留给最有价值的事

根据著名的"二八"法则,20%的事情决定了80%的价值,因此真正要做好的,首先是那高价值的20%的事情。把时间留给最有价值的事,这是关键。

（三）高效完成最有价值的事

找到最有价值的事情后，就要去高效地完成这些事。高效完成的第一个关键点是"完成"。完成事情，就意味着要去达成目标。比如要去完成一项任务，花费了很多时间，却没有达成既定的任务目标，那这样的结果就没有价值或价值很低。高效完成的第二个关键点是"高效"。不仅要完成事情，还要有效率。

因此，要做好时间管理，需要关注三个核心点：

（1）价值：价值是根本。要把时间留给最有价值的事。

（2）效率：效率决定过程。实现高效率，过程才能顺畅。

（3）目标：目标决定结果。只有达成目标，才能实现价值。

第二节　如何进行时间管理

时间管理是我们日常生活中必不可少的一项能力，让我们能够合理安排时间、提高工作效率、提升生活质量。

一、时间管理的工具

（一）时间管理矩形图

1. 时间的四个象限

每天所做的事情，可以分类归入四个象限，如图8-1所示。

（1）紧急且重要。这些工作应当是最重要的，并且应当立即着手进行。

（2）重要但不紧急。它们并不是最优先的，但是应当列入日程。

（3）不重要但紧急。这些工作虽然花费了一些时间，但是比起那些紧迫和要紧的事情，它们的优先次序要低一些。

（4）不重要又不紧急。真的需要做这些事情吗？

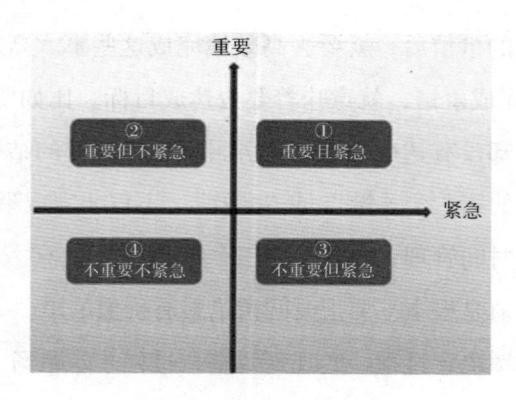

图 8-1　时间管理矩阵图

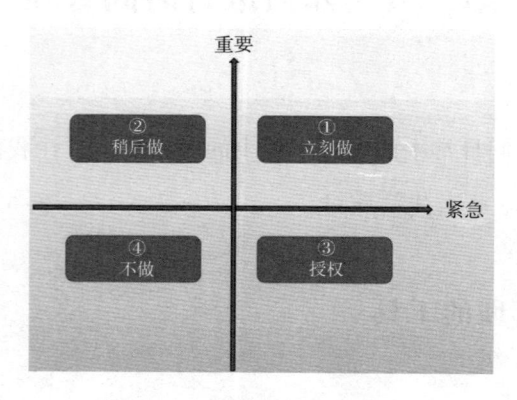

2. 四个象限的四个原则

四个象限的四个原则如图 8-2 所示。

图 8-2　四个象限的四个原则图

（1）立即做（Do it）。不要拖延，马上办，不能委派给别人的事，按照优先顺序自己亲自去完成。

（2）稍后做（Delay it）。一些不重要，信息不完整的工作，可以先放到一边，等有空了再做。

（3）授权（Delegate it）。学会放权，把可以授权的事情都交给别人去做，节省更多的时间去做重要的任务。

（4）不做（Drop it）。把一些与目标无关的事，无效益的事丢掉不管。

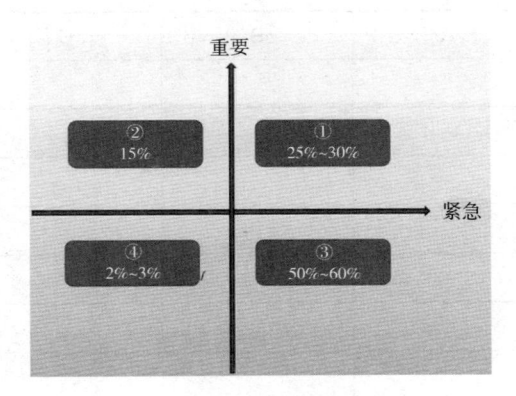

3. 普通人的时间安排

普通人的时间安排如图 8-3 所示。

图 8-3　普通人的时间安排图

4. 时间管理达人的时间安排

时间管理达人的时间安排如图 8-4 所示。

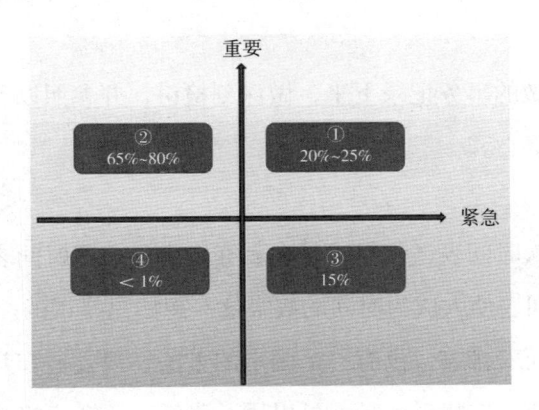

图 8-4　时间管理达人的时间安排图

（二）时间计划表

1. 做出一周的计划表

把事情按紧急和重要的不同程度，分为 A、B、C、D 四类：A——重要又紧急，B——重要但不紧急，C——不重要但紧急，D——既不重要又不紧急。请在一周内简要记下所做的 A、B、C、D 四类事务，详情见表 8-1。

表 8-1　一周计划表

时间	A	B	C	D
周一				
周二				
周三				
周四				
周五				
周六				
周日				

先做 A、B 类事务，少做 C 类事务，不做 D 类事务。紧抓那些"重要"的事情，才是最好的时间管理方式，也是节省时间的最佳方式。A、B 类事务多了，C、D 类事务自然就减少了，就会越来越有远见、有理想、有效率、少有危机。

请把一周已做的事务记录下来，做深刻检讨，并参照以上原则重新规划配置下一周的事务重心。

2. 做时间表

很多人不喜欢时间表，觉得这是在剥夺自由。按照时间表做事，确实不太灵活，但是，时间表使人成为时间的奴隶这一想法是错误的。

制订一个时间安排表，没有一个固定的方法，只要遵守几个基本原则就可以了。在动手之前，先找对工具。可以用一张纸，一个表格或者一台计算机来记录时间线。首先，将每天的时间划分成好几个部分，比如工作、吃饭、睡觉等。在制定日历的时候，要切合实际，不能列出无法完成的目标，这样就很容易会被不现实的计划所打败，丧失自信。

在时间表上要设有弹性时间。通常情况下，只需要规划 80% 的时间，剩下的 20% 就是弹性时间，用来处理可能出现的突发事件。在实施过程中，由于各种因素的影响，人们往往会偏离既定的时间表。

定期回顾时间表。每隔两周，回顾一下时间表，看看计划执行得如何，是制订得过高还是过低，再做一些必要的修正。

二、时间管理的方法

也许每个人都想拥有一个统一的时间管理方式，这样就可以在任何时候、任何地点，任意使用它。但遗憾的是，世界上并无一套统一的时间管理办法，正如购买服装，必须依照个人的特征，挑选适合自己的款式尺寸，有时候还要定做，因人而异，对时间的处理方式也各不相同，有时候，还得自己想办法。有些人喜欢做一些细致的工作，将自己的时间分成几个部分，并且严格按照自己的时间表来做；而另一些人却恰恰相反，他们更倾向于抓住全局，从整体的角度上考虑问题，抵制"机械的"时间表，而用传统方式来安排时间，这只能让他们觉得很不自在。而后者，只是喜欢将任务进行分类，并在截止日期之前完成，而不是将任务分解成一个个的小任务。无论属于哪一类，适合自己的，有助于提高学习工作效率的，都是时间管理的好方式。以下这些方法都有助于人们更有效地管理自己的时间。

（一）合理休息

身体是革命的本钱，没有精力，什么事都做不好，所以让身体得到有效的休息，是节省时间的第一步。可以用闹钟定时，每天按时睡觉、按时起床，并确保能得到足够的睡眠时间。除非万不得已，千万不要熬夜，这可能会让人在接下来的一整天中都处于身体疲惫的状态。

（二）尽可能裁掉无结果的任务

在《学会成长：爆发式成长的 25 个思维模型》一书中，作者粥左罗提出了一个引人深思的观点:"拿不到结果的高效,是最大的懒惰。我们不能以行动结束为目标,应该以拿到结果为终点。"所以应该让自己的每一分时间,都花在有用的任务上。

(三)善于利用碎片时间

零碎的时间就是不构成连续的时间或一个事情与另外一个事情衔接时的空余时间。这样的时间往往容易被人们轻易忽略掉,零碎的时间虽然短暂,但是长期积累这样的时间,总和也是相当可观的。凡是在事业上有所成就的人,几乎都是能够有效地利用琐碎时间的人。

(四)高度集中,提高效率

在现代社会,高效率的工作已经成为了每个人追求的目标。提高工作效率可以帮助人们更好地完成工作任务、腾出更多的时间进行自我提升和享受生活。

(五)把做每件事所需要的文件材料放在一个固定的地方

大部分人都经常需要在有限的时间里,完成很多任务,这就要重视保持每件事的有序和完整。应把与某一件事有关的所有东西放在一起,这样当必要时查找起来就会非常便利。

(六)有效地利用等待的时间

生活中,经常会有各种各样等待的时间,等车、等人、等电梯等,在等待的时候由于被限制在某一个地点,或者某种状态下,没有办法去做其他的事情。如果就这样干等着,会造成大把的时间流逝,让自己更加焦急。如果在等待的时间里做好准备,就可以合理地利用这段时间,做好时间管理。

(七)一鼓作气很重要

一鼓作气可以让人在面对困难时保持高昂的斗志,提高工作效率。当一个人精力旺盛、情绪高涨时，他更容易克服挑战，一次性完成任务。

（八）不要沉浸在过去无法改变的事情中

时间是最宝贵的资源，它不会等任何人，所以应抓住当下的每一次机会。不要总是想着过去无法改变的事情，而是要将注意力放在当下，做好眼前的每一件事情，并不断地反思和调整自己的行动计划。

（九）不过分追求完美

如果想在各方面都做到完美，其难度不亚于一场超级马拉松，一旦出现问题，便会受到严重的打击，甚至可能会精力衰竭。

（十）利用最佳时间

最佳时间就是指一个人精力最佳的时间。对于不同的人而言，最佳时间会有不同，有的人可能是在清晨，而有的人可能是在下午，还有的人很可能是在晚上。如果能够把精力集中在最佳的时间段，如果能在自己精力最佳的时候，去从事最重要的工作，那么就很有可能在短期内就达到目标。

（十一）设置时间限制

时间限制是用来保护个人对一定时间内发生或将要发生的事件的期望、规定或确定的上限。时间限制可以用来帮助个人正确安排他们的工作和生活的日程，以更有效地完成管理计划，实现他们的目标。对时间的限制，可以使个人避免重复的工作，作出立即的决定，以完成各项任务，提高效率，实现最大效益。

（十二）跳出拖延

要慎重对待自己日常生活中的坏习惯，从生活中改变拖延习惯，和朋友约定的时间准时到、该打扫的卫生绝不拖到明天，慢慢地，这些行为就会影响到自己的工作学习方面，从而真正地让自己摆脱拖延。

（十三）做好计划表

制订计划可以帮助你更好地管理时间和资源。通过制定明确的时间表和资源分配，你可以更好地组织自己的工作，并确保在规定的时间内完成任务。

（十四）留出弹性时间

即使制定了最详尽的计划，也会有一些尚未计划的事情发生，如紧急任务、突然的会议等。因此，要留出一些弹性时间，以应对这些突发情况。

（十五）学会说不

这个问题在职场中是很常见的，有些人总是喜欢把自己的事情推给别人。为了有效地控制你的时间，自私一点，因为你花去的时间将一去不复返。这条时间管理建议对于那些在职场中担任领导职务的管理者来说更加重要。

第三节　师范生如何提高时间管理能力

提高时间管理能力，不仅能够保障师范生大学期间的高效学习，更有助于良好的工作和生活习惯养成，这些都将深远地影响他们未来的职业生涯。

一、师范生时间管理存在的问题

相较于基础教育而言，大学在课程设置、教学方法和学习方法等方面都发生了较大的变化，最显著的变化是，学生可以自主选择更多的时间。但是，很多师范生在面对学习、生活和工作上的时间冲突时，不能很好地进行处理；也不能充分、合理地利用业余时间。因此，在时间管理方面呈现出下述问题。

（一）时间安排不合理

许多师范生在进入大学时满怀期待、信心满满，但在毕业时却大失所望，觉得前途迷茫。造成这一局面的，便是四年时间中荒废青春、懒散拖延、缺乏规划的行为。不能妥善管理时间，全面规划大学生活，是当前师范生存在的主要问题。

师范生时间安排不合理的原因包含以下几方面：第一，受到身边同学、室友的不良影响，将时间精力过多地放在了打游戏、追剧等休闲事情上，懒散拖延的氛围一旦形成，便难以改正，甚至形成恶性循环；第二，作息不规律，大学生群体中熬夜的现象普遍存在，在期末周时熬夜复习、赶作业的现象更是屡见不鲜；第三，对未来的规划不清晰，得过且过，这种心理状态是很多师范生的真实写照，在众多课业、考试的推动下，学生往往以完成眼前的目标任务为主，缺乏清晰的人生目标和长远规划。

（二）浪费时间现象普遍

相较于基础教育阶段，大学生活更加宽松自由，大学老师在完成课堂讲授后，将更多的时间和任务留到了课下。一些学生不能很好地驾驭大量自由时间，甚至还有个别学生认为大学是人生中最后一段可以尽情玩耍的阶段，于是整日沉溺娱乐活动中，得过且过，荒废学业。

（三）时间管理的控制力不足

多数师范生具有一定的时间管理意识，但还不能有效地使用自己的时间，对自由可支配时间的控制力不足。师范生因缺乏坚定的个人意志，导致时间管理失效。时间管理的控制力不足是师范生时间管理面临的突出问题。当前获取信息的手段极为便利，但也让师范生迷失在纷繁复杂的碎片信息中，将时间浪费在无意义的观看浏览中。

二、师范生如何做好时间管理

（一）学习阶段

1. 做每日计划

早晨醒来首先要想的是：今天有什么事情需要去做？这会鼓励每个人都有战略性地去思考自己的一天，把注意力集中在学习目标上，强迫自己分清轻重缓急，并为自己做出一份承诺。记住，在一天快结束的时候，一定要确定你已经做完了这件最重要的事。

2. 提高时间管理技巧

可以使用一个计时器把一天的工作分解成几个小块，这样大脑就会更有目标，更有效率。比如，学习新知识或复习：设定30分钟到60分钟的时间。在做完一部分之后，可以站起来，做些和学习毫不相干的事情，给头脑一个喘息的时间。可以步行五分钟，看看窗外，伸个懒腰，来一杯咖啡或者喝茶。

3. 尽早做最费力或最重要的工作

一天中的前几个小时对于大脑来说是最好的时机，能够完成较为复杂的工作（包括阅读、理解、应用知识、反复学习）。科学家表示，人的大脑在一天中的最佳状态是在起床后的2~4小时，因此将早晨的时间用在最要紧的事情上。要想达到最佳效果，最好把这个时间段延长到正午，以便在午餐之前解决。这样合理的安排避免了重要任务后移，在略显疲惫的晚上处理较为轻松的工作。

4. 从分散注意力的事情中解脱出来

分散注意力会给你的效率带来消极的效果，让你的生产力下降。为避免在学习中受到打扰，可以将手机调成飞行模式。提前通知到其他的人（家人、朋友、室友、伙伴），并能保证在未来的一段时间里不会再来打扰你。尽量控制一天查看email和社交App 2~3次（大约在午餐和傍晚时间），不要刷手机或者看每天的新闻，先把当天要做的事情做完。

（二）实习阶段

1. 要事优先

在实习过程中，有许多重要而紧迫的事，例如，每天的晨检和午检，这些都要及时解决；许多非紧要的事，如公开课、课题研究、看书、写文章，都要做好长期规划。除此之外，不紧急不重要的事情尽可能舍弃。以此为基础，我们可以在时间四象限内，按重要且紧急、重要不紧急、不重要但紧急、不重要不紧急等顺序，来进行冷静的梳理，从而制定出一套属于自己的自我管理策略。

2. 成长聚焦

实习期的新老师对课堂的管理和教学，一般都是凭着自己的热情和爱好"蛮干""苦干"，并无明确的发展轨迹。但是，想要成为一名优秀教师，首先要对自己的事业进行规划。思考自己可以沉潜的领域，可以试着写教育散文，将日常课堂教学用文字记录下来，并根据自己的工作经历付诸实践，最后形成文章回顾和整理。通过不断地向经验丰富的教师们学习，逐步明确自己的职业发展方向，通过日复一日的努力，相信在不久的将来，大家都会成为一位名师。

3. 要有执行力

知是行之始，行是知之成，做到知行合一，方能成事。怎么才能锻炼出执行力呢？要记住这四个动词："转""做""存""丢"。"转"是指可以将工作交给他人，也可以委托他人去做；"做"就是把必须要做的事立即办成，正如时间管理象限里所说，对待重要且紧迫的事务的态度；"存"是指暂时不能做的事情，可以把它放在你的日常任务列表中，每天做一点，例如：教育写作、阅读等；"丢"就是转不出去的，又没办法立刻做的，存下来又做不成的，就果断丢掉。每个人都可以将一周内能够使用的碎片时间进行整理，利用好这些碎片时间，可以有效提高效率。

三、师范生的时间管理工具

（一）师范生时间管理工具分类

按功能不同主要分为三大类：

（1）清单提醒：滴答清单、Wake Up 课程表等。

（2）时间记录：番茄 to do 等。

（3）习惯养成：计时器 & 闹钟、笔记 & 便签等。

（二）师范生时间管理工具简介

1. 滴答清单

一款功能齐全、注重细节的综合性系统，包含清单待办、日历、番茄工作法、习惯打卡。2021 年 11 月左右上线了四象限工作法功能，基本实现了时间管理功能模块的一体化集成，免费版能满足大部分人的功能需求。其中的清单提醒，可以帮助师范生利用艾宾浩斯记忆曲线背诵专业知识上容易混淆的定义和概念。日历界面，能按日、周、月来显示任务，有筛选功能，可以替代系统日历。师范生在进行教材梳理时，可将每日每周所要完成的课时列成清单，监督自己打卡完成，避免拖延。

2. Wake Up 课程表

Wake Up 课程表是一款帮助学生管理和规划日常课程的手机应用软件。它可以记录、提醒师范生每天上课的时间和地点以及课程内容等重要信息，方便大家合理安排自己的学习和生活。使用 Wake Up 课程表也非常简单，只需要将所需信息输入到软件中即可。在软件中添加每门课程的名称、教师、时间、地点等基本信息。然后，在设定好的时间点，软件会自动提醒当前正在进行的课程以及其它未来的课程安排。

3. 番茄 to do

相信大家一说到时间管理就会想到"番茄工作法"，也就是选择一个待完成的任务，将番茄时间设为 25 分钟，期间专注任务，中途不允许做与任务无关的事，直到完成一个番茄钟，然后就可以休息 5 分钟再开始下一个番茄钟。它还可以帮助大家记录自己一天的学习时长，自习室功能还可以提高学习动力。值得一提的是它的学霸模式和严格模式，开启这两个模式可以防止自制力不强的师范生分心浏览手机里的其他应用软件。

4. 计时器 & 闹钟

每个人的手机里都会自带计时器和闹钟的功能，一般人都会用到闹铃，但计时器这种东西，却很容易被人忽视。实际上，它们都是很有用的时间管理工具。

在师范生练习试讲的过程中，可以通过计时器，记录自己的试讲时间。另外，早上起床和中午休息的时候，还可以使用闹钟，来调整自己的睡眠时间。事实上，这些工具在许多情况下都能派上用场。比如，一天看书两个小时，就可以设置两个小时的闹铃；还可以规定自己的工作时长，提醒自己尽量不要超过两个小时。

5. 笔记 & 便签

笔记 & 便签，都是很有用的辅助工具，可以帮助你进行时间管理。举个例子，如果你想要写出一篇论文，首先要确定的就是选题思路，这既是方向，也是文章主体。而选题一般不是从网上得来的，而是我们自己的经验，自己的想法，自己的思考。因此，笔记和便签纸的价值便凸显出来。

【拓展阅读】

与时间奔跑

文秋芳教授是北京外国语大学的博士生导师，现担任北京外国语大学学术委员会主任，同时也是中国英汉语比较研究会副会长。除了这些身份外，文秋芳教授也是《中国外语教育》和《Chinese Journal of Applied Linguistics》的杂志主编。在文秋芳教授 45 年的教学生涯中，她先后 4 次获得国家级教育成果奖，5 次获得省部级教育成果奖，更是出版专著 17 部，境内外发表专著 149 篇。

从一名外语教师成长为中国创新外语教育理论"产出导向法"的开创者,从教材编写、教材培训、教材研究到国家课程标准和教材评价标准的研制,文秋芳教授始终为解决外语教育实际问题孜孜钻研,为构建中国特色外语教育理论体系与国际传播进行着不断探索。

1. 严格遵守时间表

1973年,文教授作为工农兵学员考上了南京师范大学英语系,在大学期间,她的时间表规律得令人吃惊:6点起床晨读,12点回宿舍午休,下午1点迈入自习室,晚上11点躺下休息。她全身心地扑在学习上,就连在近旁的玄武湖公园都未曾去过一次,也不了解南京到底有多少名胜古迹。

2. 合理分配时间

1976年,文秋芳毕业留校任教,在工作期间,她合理分配自己的时间,不间断地参加各类进修班,还选修了教育学、心理学、生理学、统计学4门课程。她还和心理系的学生一起上课、写作业、考试。这些都为她后来从事应用语言学研究打下了基础。

3. 珍惜时间,做好计划

在某次访谈中,提到给现在的教师一点建议时,文秋芳教授说:"珍惜时间,把握主动权。一步慢,步步慢,你总是会受制于他人,无论是发文章,评职称还是报项目,都有一个前期慢慢积累的过程,都需要有提前量。"对教师来说,无论是完成教学任务还是自身的职业发展,都要做好规划,并持之以恒地向着目标努力。制定清晰的规划目标,将大目标拆解成小目标,在预定的时间内完成,就能收获喜悦和成功。聚沙成塔,集腋成裘,通过一点一滴的积累,才能迎来质变的一天。时间管理会让你了解怎样才能更有效地安排时间,减轻工作和学习压力。

【发展启示】

卡内基说:"人无法使时光倒流,也不能使时光缓慢,但我们可以控制它的流向。通过时间管理，让时光流向更有意义的地方。"显然，文秋芳老师让她的时间流向了最有意义的地方。

1. 学会时间管理的方法，在学习生活中勤做练习

时间管理的实践性很强，书中提到的时间管理的策略与方法都对提高师范生的时间管理水平有很大帮助，师范生不仅要学习它、熟知它，更要在现实的实践中使用它。时间管理的个性化也很强，每个人都有自己的时间管理特点，只有与自己的生活方式及环境相适应，并通过不断练习、训练，才能形成适合自己的时间管理模式。

2. 澄清价值观，将时间留给真正重要的事

从文秋芳教授的经历不难看出她是一位对教育充满激情的老师。正是源于对教育事业怀着无限热爱，她才能数十年如一日地钻研教学，克服困难，不断进取。师范生要尽早认清要成为什么样的人，做好什么样的事，才可能明确将核心时间、大块时间放在哪里。好的时间管理一定是高效完成必要的事。文秋芳教授曾说："我认为，作为一名教师，倾心教学，上好课的同时，也要关注学科前沿，做些服务社会的研究，拓宽自己的眼界，提高自己的能力。"很显然，文秋芳老师很清晰教学与科研密不可分的关系，并很好地实现了二者的统一，于是在自我发展上也就事半功倍了。

> **思考与讨论**
> 1. 制订一份近期学习计划，充分体现科学时间管理的原则和方法。
> 2. 时间管理的重点和难点是什么？

第九章

培养创新能力

> **学习目标**
> - 了解创造性思维的形式。
> - 理解创新能力的培养要点。
> - 把握未来教学创新的思路。

21世纪被视为知识经济的纪元，知识经济的进步依赖于新的发现和新的发明。创新精神是推动创新的基础，创新思维是支撑创新的架构。师范生是未来的教师，肩负着传播创新思想，启迪创新思维，传授创新方法的重任。在成长过程中学习创新知识，培养创新能力，是实现成功职业生涯的第六课。

第一节 什么是创新能力

创新能力是实现创新成果的基石。创新型国家的建设、新质生产力的发展离不开一批具有创新精神、创新思维、创新能力的众多人才。

一、创新能力的含义

创新能力是人们通过对已经积累的知识和经验进行科学的加工和改造，从而产生新的知识、思想、概念、成果的能力,简而言之就是创造新事物、新观念的能力。它既是人人都应具有的,但又不是与生俱来的,而是经过后天的学习和实践锻炼得来的。

二、创新思维

创新思维是创新能力的内在体现,是组成创新能力的核心要素。可以说,没有创新思维就无从谈创新能力。以下是几种常见的创新思维。

(一)发散型思维

发散型思维是一种开放的思考模式,它鼓励人们为了解决特定问题而尽可能地开放思维,从多个角度、多个方向和多种途径去寻找解决方案。这种思维能力能使学生把知识系统化、条理化,有利于培养创新意识和创新能力。具体内容涵盖了:

1. 立体思维

立体思维也就是打破传统的平面思维模式,从多个角度去观察和思考各种事物;从多角度思考问题来获取解决问题的最佳方案。

2. 想象思维

想象思维是一种在掌握大量信息的基础上,依靠丰富的想象力,产生具有创意思维的思维方式;通过多种感官来获取有关知识,从而形成新颖独特的观点。

3. 联想思维

联想思维是一种通过利用事物间的某种共通性来将它们联结在一起,从而创造出全新思维模式的方法。

4. 联结思维和反联结思维

联结思维和反联结思维是两种不同的思维方式,其中联结思维是通过某种特定的方式将看似相关或表面上看似无关的事物组合在一起,以便更好地理解它们；反联结思维指把不同类型的知识相互联结并形成一个系统，从而使之成为一个完整的认知体系的方法。反联结思维是一种将一个整体拆分或利用其部分来进行思考的方法，这两种思维方式都旨在探索新的事物；两种以上的认知方式结合在一起就形成了综合思维。

5. 替代思维

替代思维是指通过部分或整体的替代策略，创造出新的观点或解决方案。

6. 求异思维

求异思维是一种突破传统，追求变革和差异性，从而构建新事物的思考方式。

7. 逆向思维

逆向思维是一种思维方式，它是通过改变原先的思考路径，然后向相反的方向进行思考。

8. 侧向思维

侧向思维是指从研究领域之外的事物中寻找灵感，以获得新的理解或创新的一种方式。

（二）收束型思维

所谓的收束型思维，是指运用现有的知识和经验，对大量的信息和经验进行深入的分析、梳理和整合，目的是达到思维的最优化和系统化。尽管它本身并不创造出有创意的成果，但我们需要依赖它来运用逻辑思维，将发散思维所产生的各类思维成果进行逻辑化和系统化处理。

（三）灵感思维

创新思维中，灵感思维占据了关键的位置。从生理心理学角度分析灵感思维的特点及其成因，对如何培养学生的灵感思维能力提出几点建议。灵感思维表现为一种无意识地偏离正轨的思考方式，这种特殊现象在人身上表现得尤为明显。主要包括：

灵感思维源于外部的偶发机会和内部的显意识与潜意识的相互影响，它是内外因素共同作用的产物,并依赖于显意识与潜意识之间的互动来塑造。

灵感思维产生的机理。在紧张的氛围中,接下来的短暂休息为灵感的涌现提供了一个极佳的机会。这时大脑皮质处于高度紧张状态,在此中心附近出现一个新的区域。这种持续而紧张的逻辑思维,导致一个连续的中心区域持续处于高度兴奋状态。此时,如果能及时调整自己的思维过程,使之适应新环境的需要,那么就会获得创造性思维能力的飞跃。当这种高度的紧张感消退后,中心区域会受到抑制,从而自然地激发位于中心区域外围的皮层细胞的活跃性,这可能会激活周围的潜在概念和知识,进而导致逆向的思维模式。

激发灵感思维的方法需要积累丰富的知识和信息;需要积极地并深入地思考;需要创造适当的放松时刻。

第二节 如何培养创新能力

创新是一项高级的思维活动,是在原有知识、技能的基础之上进行的发展和再创造。了解创新的过程,充分发挥怀疑精神,突破界限融合领域,方能创造出新的事物。

一、创新的基本过程

创新一般会经过以下几个阶段。

(一)识别并明确问题的范围

问题就是解决问题的方向、途径、方法以及所采取的手段。需要明确要解决的核心问题是什么。如果没有发现问题,就谈不上定义问题、提出概念或解决问题。识别问题和明确问题的界限是至关重要的起点,"不害怕做不到,就怕想不到"。明确问题的定义并不意味着限定思维路径。例如，我们需要明确如何打开罐头，而不是仅仅局限于设计一个开罐器。只有这样，我们才能像那些发明罐头拉条的工程师那样，从剥去香蕉皮的过程中获得灵感。

（二）搜集和处理有用的信息

为了寻找最佳的新解决方案或从他人处理相似问题的方式中寻找新的思维路径，需要积累丰富的信息，并在"巨人的肩膀"上进行深入思考。假如你是一个永不满足的信息寻求者、提问者、读者和信息存储器，那么你无疑将成为一个卓越的思想创造者。

（三）突破常规模式

如果想以创新的方式解决问题，需要拓宽思维视野，突破现有的思维模式，探索新的途径、从新的视角出发、寻求新的突破和建立新的联系。

（四）超越自己的专业领域

鲁班是受到植物启示而发明锯的，而柯达彩色胶卷的创造者也曾是一名音乐家。在他们看来，人类的一切都可以被称为创造，而这些创造又都是以某种方式表现出来的，所以，他们都能成为天才。圆珠笔的创造者曾经是一名雕刻师、艺术家和新闻记者，而充气轮胎的创造者原先是一名兽医。当我们跨出自己的专业领域，借助其他领域的专业知识来寻求解决方案时，便会孕育出全新的创意。

（五）尝试多种不同的组合方式

有许多新的组合可能带来风险，可以尝试将自己喜欢的明星的各种身体部位组合在一起，如刘德华的鼻子、郭富城的眼睛或贝克汉姆的嘴巴，从而获得一个全新的偶像。虽然可能不是每个人都喜欢，但总会有新的收获。例如，结合皮鞋的鞋面与旅游鞋的鞋底，人们可以选择穿着皮鞋进行跑步或爬山活动。

在这个组合里,通过不断尝试,孕育出了全新的创意。

(六)充分利用所有感官体验

全心全意地投入,充分利用你的思考、表达、书写、绘画和实践能力,直到你的思绪飞扬,最终激发出全新的创意和思考。

二、常见的创新形式

(一)尝试对其外观进行改变

把它加倍,比如双层的公交车;把它压缩,比如大超市里的购物篮;把它扩张,比如一个融合了购物、餐饮和娱乐功能的大型购物中心;把它切成两半,比如汉堡;将其拉长,比如一辆加长的轿车。

(二)寻找可以替代的物品

由于用小球取代了传统的钢笔尖,圆珠笔因此应运而生;超市已经用自选的商品和手推车替代了之前的售货员;马赛克已被玻璃幕墙所取代;塑料袋已被纸袋所取代。

(三)组合"不相关"元素

索尼公司成功地将耳机与收放机融合,从而创造出了随身听;尼龙和紧身裤的结合导致了连裤袜的出现;米老鼠和旅游的结合构成了迪士尼的欢乐之地。

(四)持续地进行改良

经过持续的优化,计算机已经被广泛应用于众多家庭中;电视机的设计经历了从黑白到彩色的转变,从曲线形状变为直角平面,以及从模拟信号切换到数字信号的过程；白炽灯经历了从日光灯到节能装饰灯的转变。

（五）突破功能的界限

气球可做玩具……这些都是人类创造出的新事物，而不是人们通常认为的"旧物"或"废物"，因此，人们总是要把它们当作新鲜的东西去利用。火车可以被蒸汽驱动；这些都是创造性思维的例子。塑料纸有潜力被制作成时尚服饰；小猪为了供游客欣赏而进行了赛跑等。

（六）使用全新的搭配方式

在这里，"新的成分"就是"新的设想"或"新的构想"。"设想"是创造过程中的一种特殊现象。一个创新的观点是将旧成分进行新的融合。英语由 26 个字母构成，而中文的基础笔画数量不会超过 15 个，但由这些字母组合而成的符号能够反映出客观和主观世界的全貌。在这个世界上，没有一种颜色能有如此多的变化。全部的色调都是由三种基本颜色混合构成的。每一首音乐都是由不超过 12 种不同的音调组成的。所有的颜色、声音以及一切信息均为二进制数。每一个数字都是由 10 个不同的符号组成的。一台神奇的计算机的所有逻辑操作也仅由两部分组成：0 和 1。

第三节　师范生如何提高创新能力

随着智能化时代的来临，提升师范生的创新能力变得必要且迫切。

一、开展教学创新

教育是国之大计、党之大计。近年来，在习近平新时代中国特色社会主义思想的指导下，教育公平迈出重大步伐，教育质量显著提高，教育现代化加速推进。新时代加强教师队伍建设，就是要推动教师队伍从专项管理向现代治理转变，实现教师队伍从基本支撑向高质量支撑转型，开启全面建设高素质、专业化、创新型、教师队伍的新征程。师范生需要围绕高素质、专业化、创新型三个关键要素努力学习，加强锻炼，为提升教师队伍的水平，提高教育质量做出应有的贡献。

（一）树立教学创新的理念

2022年教育部发布了《义务教育课程方案和课程标准（2022年版）》，标志着新一轮的课程改革正式开启。新课改以培养有理想、有本领、有担当的时代新人为目标，以培养学生核心素养为主线，在课程内容设置、教学方法、评价方式等方面提出很多新的要求，师范生应该在学校里认真学习相关文件文本，学深悟透课改精神，更加坚持学为中心：真正将学生的学习看成是一个主动建构的过程；坚信学习存在于其发生的环境中；明确知识并不是与生俱来的，也不是被动吸收的，而是由学习者自己构建出来的；秉持有效的学习发生于学习者去解决有意义的、开放的以及具有挑战性的难题中的观念，主动改革教学模式，创新教学方法，为培养学生的核心素养提供最大支撑。

（二）关注要解决的核心问题

随着智能化时代的来临，数字素养、创新精神以及学习能力等将越来越成为衡量学生素质的关键指标，师范生不仅自己要适应新时代对人才标准的变化，同时要有意识地学会培养这些素质能力的方式方法。

由于人工智能和机器人的快速发展，人的情感能力（情绪感知能力、提供情绪价值能力）的培养将更加重要，师范生在发展自己情感能力的同时，要思考如何提高人的社会情感能力，要在自己的教学育人环节更加重视人的情感、态度、价值观的培养。

（三）紧抓教学创新要素

好的教学创新，需要关注教学创新的三个基本要素：高阶的学习目标、创新的教学内容、有效的学习活动。

好的教学创新，一定要瞄准高阶的学习目标，例如自主学习、解决问题、数字素养、审美品位以及跨文化沟通合作等，这些是对学生一生的发展至关重要的能力和素养。

好的教学创新是教学内容的整合和重构。教学内容是课程的核心，教学内容整体性结构化的构建趋势正成为课程内容整合的主流。语文新课标的课程内容就是以任务群的形式来呈现的，新教材的编写也进一步体现了这一趋势。教师在教学中更应该对课程内容进行"二次开发"，实现教学内容的创新。

好的教学创新，需要探索能够提升学生高阶能力的有效学习活动。学习活动的创新，是一线教师比较容易把握的创新要素。如研究性学习、仿真模拟训练、小组合作等。学习活动合理有效的评价标准就是有助于学生核心素养的培养。例如，如果自主学习能力是一门课程的目标，但学生所参与的所有学习活动都是教师主导的，学生甚至没有机会去自己主导每一个学习环节，那么就有理由质疑学生通过这门课程能否真的得到自主学习能力的锻炼。

二、教师应具备的创新能力

（一）在实践中提出有价值问题的能力

教师要提出一个有价值的教学问题，首先需要理解课程改革的背景和意义，对什么是好的教学创新有清晰的认识；其次要敢于实践，在实践中反思自身教学中的问题和可以改进的地方；最后提炼出明确的教学问题。

（二）设计教学创新项目及管理的能力

一个教学创新就是一个教改项目，在操作层面需要教师设定改革的目标、梳理改革需要的资源、确定改革的时间周期以及衡量和评估改革效果等。这些方面需要教师在决定进行教学创新时有明确的设计，并且能够按照规划实施创新过程。

（三）应对创新带来潜在风险的能力

"创新"顾名思义是突破既有的东西，去探索新事物，因此，教师在教学创新的过程中，必然会遇到挑战，会面临不确定性。例如，在学期初决定采用新的教学方式时，无法预料期末的结果。并不是每一个教学创新都会成功，作为创新者需要意识到结果的不确定性并且做好承担结果的心理准备。有些教学创新刚推出时会有不理解，会有反对的杂音，教师要秉承科学论证、大胆实验、小心求证的态度，既要敢于创新，也能理性听取意见，对于符合时代要求的教学改革，要策略性地坚持。

三、学会培养学生创新能力的方法

（一）激发学生对学习的热情

激发学生对学习的热情是培养创新思维和实践技能的最主要目标。初中数学作为一门逻辑性较强的学科，更需要学生具有浓厚的学习兴趣，才能更好地进行课堂互动与教学设计。为了让学生在积极参与和实践的过程中体验到乐趣，教师可以选用引人入胜的教学资源，融入交互式的教学策略，并进行真实案例的深入分析。

（二）为学生提供丰富多样的学习机遇

为了激发学生的创新思维和实践技能，教师要有能力提供多种形式的学习机会。在中小学阶段开展各种形式的课外活动是很有必要的。例如，组织学生参与各种实践活动、策划课堂团队合作项目，并激励他们参与比赛，这些都是培养学生创新思维和实践技能的好机会。

(三) 创造一个积极的学习氛围

一个积极和正向的学习氛围有助于激发学生的创新思维和实践技能。在课堂教学中创设一个良好的学习情境是促进学生自主学习、提高课堂效率的重要途径之一。教师要有能力与学生维护一个和谐的师生关系，能够及时地分享学生的学习成果和表现，并通过给予他们鼓励和认可来激发他们的学习热情和主动性。

(四) 致力于提高学生的团队协作技巧

在创新思维和实践能力中，团队合作能力占据了关键的位置。在中小学教学中加强团队合作教育，不仅有利于学生创新能力的提高，也对创新型人才的形成具有重大意义。教师要有能力通过组织学生参与小组合作学习和课堂项目实践等多种方式，来培养学生的团队合作精神和能力，进而推动他们的创新思维和实践技能的成长。

(五) 实施实践性的课程

实施实践性的课程是一个关键的方式来培养学生的创新思维和实际操作技能。以《计算机组成原理》为例，在分析该学科特点基础上提出了基于项目式学习的实践教学模式。教师要有能力结合实际情境，策划并实施与课程内容紧密相关的实践活动，从而使学生能够通过实际操作和实践经验来加强对知识的理解和应用能力。

(六) 重视对学生问题解决技巧的培训

学生的问题解决能力是创新思维和实践能力的重要组成部分。数学教学中要培养学生提出问题并解决问题的能力，教师要有能力组织学生参与情境模拟和案例分析等多种活动，以培养学生在发现、分析和解决问题方面的能力，并进一步提升他们的综合应用技巧。

（七）鼓励学生提出有创意的观点

为了培育学生的创新思维，教师的激励和指导是不可或缺的。在教学中，教师应充分重视对学生创造能力的训练与提升。教师要有能力为学生提供更广阔的自我发展机会，激励他们提出有创意的观点，并给予他们实践和实践这些观点的机遇，从而进一步激发他们的创新潜能。

（八）指导学生开展科学的研究活动

通过科学研究，可以有效地培养学生的创新思维和实践技能。在教学中，科学探究作为一种重要学习方法，有利于激发学生兴趣，提高课堂效率。教师要有能力指导学生进行基础的科学探索，培养他们的观察、思维、实验及问题分析技巧，进而全方位地提高学生的创新思维和实际操作能力。

（九）重视学生个性的成长和发展

在制订教师的工作计划时，应当重视每位学生的独特成长。个性化教育是以促进个体全面和谐发展为宗旨的一种新型教育模式。教师要有能力通过实施个性化的教学方法，激励学生全面挖掘自身的特长和潜力，同时也提供了个性化的学习机会，以促进学生创新思维和实践技能的培养。

（十）创造跨学科的学习氛围

为了培养创新思维和实际操作能力，需要一个跨学科的学习氛围。跨学科教学有助于拓宽知识视野、丰富知识结构、促进学科融合，有利于激发兴趣、提升技能，从而提高创新能力。教师要有能力激励学生进行跨学科的学习，可以通过组织跨学科课程和学术分享会等多种方式，来拓宽学生的知识视野和思维方式，同时也能培养他们的创新思维和实践技能。

【拓展阅读】

创新突破方能扬帆破浪

顾泠沅，1967年复旦大学数学系毕业，进入中小学教师岗位。上海市特级教师。1992年获华东师范大学教育学博士学位。先后任青浦区教师进修学校校长，上海市教育科学研究院副院长、研究员，华东师范大学教授、博士生导师。曾兼任全国教育科学规划领导小组成员，中国教育学会常务理事、数学教育研究会副理事长，教育部教育发展研究中心专家咨询委员。主持20年"青浦实验"教学改革项目，领衔"面向未来的基础学校""创建以校为本教研制度建设"等全国项目。相关成果被评为全国首届教育科学研究优秀成果一等奖、全国首届师范院校基础教育改革实验优秀项目一等奖、中国教育学会优秀教育著作一等奖、教育部全国课程教学优秀成果一等奖。

1. 迎难而上，勇于探索创造

1977年恢复高考前，顾泠沅老师在青浦组织了一次全县高中毕业生数学统考，4373名高中毕业生平均分只有11.1分，0分的比例高达23.5%，身为一名普通的数学教研员顾老师痛心疾首想要改变现状，在教育局局长面前立下了军令状，十年之内提升青浦区数学学科水平，达到上海市平均水平，这就是"青浦实验"的开端。

根据不同阶段改革的重点目标，顾泠沅老师将"青浦实验"大致分为三个阶段：大面积提高质量（1977—1992年）、突破高认知瓶颈（1992—2007年）、推进探究与创造（2007—2022年）。他始终强调教学改革要基于实证研究，他带领团队采用因子分析技术，先后在1990年、2007年、2018年对青浦区八年级学生开展了三次全样本数学认知能力的测量与研究，根据已有经验的积累，同时考虑到人为控制实验在教育公平与研究伦理方面的欠缺，设计出了"依据大数据抽取可供比较的典型样本组，再通过自然观察、证据推理取得结论"的研究方法，简称"执果溯因"的实证研究。

近年来，青浦实验中学发展为教育集团，编制了"学程手册""活动—发展"出现显著实效。2018 年以来研究工作愈加密集，虽已年近八旬，顾泠沅老师仍每年不下数十次地奔往离家 30 公里的青浦区实验中学，努力从实践中继续寻找提升学生创造力的关键教学行为。

2. 教师要成为有研究能力的实践者

"三关注、两反思"，是顾泠沅老师总结出的教师在职研修的"行动教育"范式，即"关注个人已有经验的原行为阶段；关注新理念之下课例的新设计阶段；关注学生获得的新行为阶段""反思已有行为与新理念、新经验的差距，完成更新理念的飞跃；反思教学设计与学生实际获得的差距，完成理念向行为的转移"。这样的循环往复彰显了我国教研特有的组织文化和行动路线，深刻体现出中国特色教师专业化和源自"知行合一"认识论血脉的精华。

当今时代呼唤通才型教师。就基础教育而言，现在强调综合实践活动，目标是落实五育融通；现在重视创造力培养，倡导做中学、发现学习、项目学习、跨学科问题解决等，更需科学与艺术、工程、设计之间的跨界联通。五育融通、跨界联通，要害就是"通"，它与"专"并不矛盾，"专"是通的根基，"通"是专的延伸。学生的跨学科能力是创造力开发的基础，而培养学生跨学科能力，不仅需要教师的跨学科培养的意识和知识，更需要教师加强学习，通晓多学科知识，把自己打造成全科型教师。

【发展启示】

新时代赋予新使命，新时代要有新作为。正所谓"风劲潮涌，自当扬帆破浪；任重道远，更需策马扬鞭"。顾泠沅老师认为创新有其基本的规律，来不得半点虚假，也没有捷径可走。远离急功近利，才能找到教育改革的根由所在。

1. 继承老一辈教育人的精神和情怀

"青浦实验"如何守正创新、继往开来？顾泠沅老师的一席话语重心长："'青浦实验'是老一辈人生导师、过渡代中坚力量和大批后辈才俊三代人'咬定青山不放松'的实践结晶,是在群体的守望、真实的经验、对学生的深切了解基础之上运用教育科研方法守正创新的改革过程。"创新是工作的高级阶段,但没有基础的储备,长期的积累就无从谈起创新。师范生要从"青浦实验"的案例中学习老一辈教育人的朴素情怀,务实科学的态度。

2. 尊重创新规律,广撷博采,厚积薄发

在谈到中小学教师在培养拔尖学生上应发挥什么样的作用时,顾泠沅老师强调两点。第一,给学生"留白",包括改变只是应付考试的大量"题型"训练(刷题)、升学功利色彩浓重的大范围低龄化的竞赛辅导(套路)等,一定要留给学生独立钻研的时间和空间。第二,本质上的"回归",培养拔尖人才,优质教师是关键。《庄子·逍遥游》有言:"水之积也不厚,则其负大舟也无力。"上海市南洋模范中学老校长赵宪初曾说:"师之蕴也不足,则其育长才也无望。"师范生当以此为动力,厚积薄发,积水、养蕴,成优质教师。

思考与讨论

1. 你如何看待智能时代无纸化学习、线上课堂等多种创新型教学工具的出现?
2. 创新者要恪守哪些职业道德?
3. 如何设计一次教学创新活动?

参考文献

[1] 程振响.教师职业生涯规划与发展设计[M].南京:南京师范大学出版社,2009.

[2] 连榕编.教师职业生涯发展[M].北京:中国轻工业出版社,2010.

[3] 宋志海,刘献文.大学生职业发展与规划[M].沈阳:辽宁大学出版社,2009.

[4] 杜秀芳.教师职业生涯规划与发展[M].上海:华东师范大学出版社,2014.

[5] 阚雅玲,吴强,胡伟.职业规划与成功素质训练[M].北京:机械工业出版社,2009.

[6] 郭平,熊艳.教师专业发展概论[M].成都:西南交通大学出版社,2017.

[7] 赵炳辉.教师学[M].北京:中国科学技术出版社,2007.

[8] 刘新玲,等.大学生就业导航[M].厦门:厦门大学出版社,2000.

[9] 姚裕群.职业生涯规划与发展(修订第二版)[M].北京:首都经济贸易大学出版社,2007.

[10] 赵麟斌.大学生职业生涯规划与就业指导[M].北京:北京大学出版社,2008.

[11] 马士斌.大学生生涯辅导[M].北京:机械工业出版社.2006.

[12] 候志瑾.职业生涯发展与规划[M].北京:高等教育出版社,2005.

[13] 陈德明,祁金利.大学生生涯规划与管理[M].北京:高等教育出版社,2008.

[14] 劳动和社会保障部职业技能鉴定中心组.自我学习能力[M].北京:人民出版社,2007.

[15] 常合.成大事必备的8种能力[M].北京:中国纺织出版社,2007.

[16] 王继涛. 成就一生的十大能力 [M]. 北京：当代世界出版社，2008.

[17] 刑群麟，程晓芬. 人一生必须具备的 30 种关键能力 [M]. 沈阳：万卷出版公司，2008.

[18] 劳动和社会保障部职业技能鉴定中心组. 解决问题能力 [M]. 北京：人民出版社，2007.

[19] 杨治良，郝兴昌. 心理学辞典 [M]. 上海：上海辞书出版社，2016.

[20] 金盛华. 社会心理学 [M]. 北京：高等教育出版社，2010.

[21] 刘濡德. 学习心理学 [M]. 北京：高等教育出版社，2010.

[22] 中国社会科学院语言研究所词典编辑室.《现代汉语词典》第六版 [Z]. 北京：商务印书馆，2012.

[23] 彭聃龄. 普通心理学 [M]. 北京：北京师范大学出版社，2004.

[24] 周坤. 第五代时间管理 [M]. 北京：北京大学出版社，2006.

[25] 波波羊，蒋志军. 职场加速时间管理 [M]. 长沙：湖南教育出版社，2019.

[26] 暴丽艳，林冬辉. 管理学原理 [M]. 北京：清华大学出版社，2010.

[27] 林山，黄培伦，蓝海林. 组织结构特性与组织知识创新的关系研究 [M]. 经济科学出版社，2005.

[28] 常虎温. 我的未来我做主——教师职业生涯发展规划设计 [M]. 长春：吉林大学出版社，2008.

[29] 段文阁，赵昆. 教师职业道德 [M]. 济南：山东人民出版社，2012.

[30] 王忠伟. 浅谈高职院校学生团队协作能力培养 [J]. 教育与职业，2014，(23)：169-170.

[31] 解瑞佳. 师范生职业生涯规划能力培养研究 [D]. 沈阳：沈阳师范大学，2022.

[32] 徐祖胜. 我国高校教师教育者专业素养研究 [D]. 长春：东北师范大学，2022.

[33] 黄书生. 近代中国师范生教育实习研究（1897—1949）[D]. 福州：福建师范大学，2022.

[34] 陈德云，周南照. 教师专业标准及其认证体系的开发—以美国优秀教师专业标准及认证为例[J]. 教育研究，2013（7）：128-135.

[35] 陈方. 影响我国教师专业发展的社会因素分析[D]. 上海：上海师范大学，2005.

附录

附录一 学前教育专业师范生教师职业能力标准（试行）

1 师德践行能力

1.1 遵守师德规范

1.1.1 【理想信念】
- 学习贯彻习近平新时代中国特色社会主义思想，深入学习习近平总书记关于教育的重要论述，以及党史、新中国史、改革开放史和社会主义发展史内容，形成对中国特色社会主义的思想认同、政治认同、理论认同和情感认同，能够在教书育人实践中自觉践行社会主义核心价值观。
- 树立职业理想，立志成为有理想信念、有道德情操、有扎实学识、有仁爱之心的好老师。

1.1.2 【立德树人】
- 理解立德树人的内涵，形成立德树人的理念，掌握立德树人途径与方法，能够在教育实践中实施素质教育，依据德智体美劳全面发展的教育方针开展教育教学。

1.1.3 【师德准则】
- 具有依法执教意识，遵守宪法、民法典、教育法、教师法、未成年人保护法等法律法规，在教育实践中能履行应尽义务，自觉维护幼儿与自身的合法权益。
- 理解教师职业道德规范内涵与要求，在教育实践中遵守《新时代幼儿园教师职业行为十项准则》，能分析解决教育教学实践中的相关道德规范问题。

1.2 涵养教育情怀

1.2.1 【职业认同】

- 具有家国情怀，乐于从教，热爱教育事业。认同教师工作的价值在于传播知识、传播思想、传播真理，塑造灵魂、塑造生命、塑造新人；了解幼儿教师的职业特征，理解教师是幼儿学习与发展的支持者、合作者、引导者，创造条件激发幼儿好奇心、求知欲，积极引领幼儿行为，帮助幼儿自主发展。
- 领会学前教育对幼儿发展的价值和意义，认同促进幼儿全面而有个性地发展的理念。

1.2.2 【关爱幼儿】

- 做幼儿健康成长的启蒙者和引路人，公正平等地对待每一名幼儿，关注幼儿成长，保护幼儿安全，促进幼儿身心健康发展。
- 尊重幼儿的人格和权利，保护幼儿游戏的自主性、独立性和选择性，关注个体差异，相信每名幼儿都有发展的潜力，乐于为幼儿创造发展的条件和机会。

1.2.3 【用心从教】

- 树立爱岗敬业精神，在教育实践中能够认真履行工作职责，积极钻研，富有爱心、责任心，工作细心、耐心。

1.2.4 【自身修养】

- 具有健全的人格和积极向上的精神，有较强的情绪调节与自控能力，能积极应变，比较合理地处理问题。
- 掌握一定的自然和人文社会科学知识，传承中华优秀传统文化，具有人文底蕴、科学精神和审美能力。
- 仪表整洁，语言规范健康，举止文明礼貌，符合教师礼仪要求和教育教学场景要求。

2 保育和教育实践能力

2.1 掌握专业知识与技能

2.1.1 【保育教育基础】
- 掌握科学照料幼儿日常生活的基本方法，了解幼儿日常卫生保健、传染病预防和意外伤害事故处理的相关知识，掌握面临特殊事件发生时保护幼儿的基本方法。
- 掌握教育理论的基本知识和3~6岁幼儿身心发展特点、规律，具备观察、分析与评价幼儿行为的能力。熟悉幼儿园教育的目标、任务、内容、要求和基本原则。
- 认识融合教育的意义和作用，了解有特殊需要幼儿的身心发展特点及教育策略，掌握随班就读的基本知识及相关政策，基本具备指导随班就读的教育教学能力。

2.1.2 【领域素养】
- 掌握幼儿健康、语言、社会、科学、艺术等领域教育的基本知识和方法，理解幼儿园各领域教育之间的联系，能在教育实践中综合运用各领域知识，实现各领域教育活动内容相互渗透。

2.1.3 【信息素养】
- 了解信息时代对人才培养的新要求，掌握一定的现代信息技术知识，具有安全、合法与负责任地使用信息与技术的意识。

2.2 开展环境创设

2.2.1 【创设物质环境】
- 能够创设安全、适宜、全面，有助于促进幼儿成长、学习、游戏的物质环境，合理利用资源，为幼儿提供和制作适合的玩教具和学习材料。

2.2.2 【营造心理环境】

- 理解教师的态度、情绪、言行在幼儿园及班级心理环境形成中的重要性。能够构建和谐的师幼关系,帮助幼儿建立良好的同伴关系,营造良好的班级氛围,让幼儿感受到安全、舒适。

2.3 组织一日生活

- 能够安排和组织幼儿园一日生活的主要环节,具有将教育渗透一日生活的意识,能够与保育员协同开展班级常规保育和卫生工作。

2.4 开展游戏活动

2.4.1 【满足游戏需要】

- 了解幼儿游戏的类型和主要功能,根据各年龄阶段幼儿的游戏特点,满足幼儿游戏的需要。

2.4.2 【创设游戏环境】

- 能够合理、有效地规划和利用户内外游戏活动空间,能够根据幼儿的发展和需要创设相应的活动区,提供丰富、适宜的游戏材料,引发和促进幼儿的游戏。

2.4.3 【支持幼儿游戏】

- 能够提供充足的游戏时间,鼓励幼儿自主选择游戏内容、伙伴和材料,支持幼儿主动地、创造性地开展游戏,充分体验游戏的快乐和满足。
- 学会观察分析幼儿的游戏,支持幼儿在游戏活动中获得身体、认知、语言和社会性等多方面的发展。

2.5 实施教育活动

2.5.1 【设计教育活动方案】

- 能够根据《幼儿园教育指导纲要(试行)》《3~6岁儿童学习与发展指南》的要求,以及幼儿的兴趣需要和年龄特点,选择教育内容,确定活动目标，设计教育活动方案。

2.5.2 【组织教育活动】

- 学会运用各种适宜的方式实施教育活动，鼓励幼儿在活动中主动探索、交流合作、积极表达，能够有效观察幼儿在活动中的表现，并根据幼儿的需要给予适宜的指导。

2.5.3 【实施教育评价】

- 了解幼儿园教育评价的目的与方法，运用观察、谈话、家园联系、作品分析等多种方法，了解和评价幼儿。能够基于幼儿身心特点，利用技术工具分析幼儿学习过程、收集幼儿学习反馈。
- 能够运用评价结果，分析、改进教育活动开展，促进幼儿发展。

3 综合育人能力

3.1 育德意识

- 树立幼儿为本、德育为先理念，了解幼儿社会性—情感发展的规律和个性特征，能有针对性地开展育人工作。
- 具有教书育人意识。理解活动育人的功能，能够在保教活动中有机融入社会主义核心价值观、中华优秀传统文化、革命文化和社会主义先进文化教育，为培养幼儿适应终身发展和社会发展所需的正确价值观、必备品格和关键能力奠定基础。

3.2 育人实践

- 掌握活动育人的方法和策略，基于幼儿的身心特点合理设计育人目标、活动主题与内容，能够抓住一日生活中的教育契机，开展随机教育，培养幼儿良好的生活习惯和亲社会行为。

3.3 班级管理

- 熟悉校园安全、应急管理相关规定，基本掌握班级空间规划、班级常规管理等工作要点。熟悉幼儿教育及幼儿成长生活等相关法律制度规定，能够合理分析解决幼儿教育与管理实践相关问题。

3.4 心理健康

- 关注幼儿心理健康，了解幼儿身体、情感发展的特性和差异性，掌握幼儿心理健康教育的基本知识，及时发现和赏识每个幼儿的点滴进步，注重激发和保护幼儿的积极性、自信心，能够参与心理健康教育等活动。

3.5 家园协同

- 掌握人际沟通的基本方法，能够运用信息技术拓宽家园沟通交流的渠道和途径，积极主动与家长进行有效交流。
- 掌握开展幼儿园、家庭和社区各种协同活动的方式方法，能够开展幼儿园与小学教育的衔接工作。

4 自主发展能力

4.1 注重专业成长

4.1.1 【发展规划】

- 了解教师专业发展的要求，具有终身学习与自主发展的意识。根据学前教育课程改革的动态和发展情况，制定教师职业生涯发展规划。

4.1.2 【反思改进】

- 具有反思意识和批判性思维素养，初步掌握教育教学反思的基本方法和策略，能够对教育教学实践活动进行有效的自我诊断，提出改进思路。

4.1.3 【学会研究】
- 初步掌握教育研究的基本方法，能用以分析、研究幼儿教育实践问题，并尝试提出解决问题的思路与方法，具有总结和提升实践经验的能力。
- 掌握专业发展所需的信息技术手段和方法，能在信息技术环境下开展自主学习。

4.2 主动交流合作

4.2.1 【沟通技能】
- 具有阅读理解能力、语言与文字表达能力、交流沟通能力、信息获取和处理能力。
- 掌握基本沟通合作技能与方法，能够在教育实践、社会实践中与同事、同行、专家等进行有效沟通交流。

4.2.2 【共同学习】
- 理解学习共同体的作用，掌握团队协作的基本策略，了解学前教育的团队协作类型和方法，具有小组互助、合作学习能力。

附录二 小学教育专业师范生教师职业能力标准（试行）

1 师德践行能力

1.1 遵守师德规范

1.1.1 【理想信念】
- 学习贯彻习近平新时代中国特色社会主义思想，深入学习习近平总书记关于教育的重要论述，以及党史、新中国史、改革开放史和社会主义发展史内容，形成对中国特色社会主义的思想认同、政治认同、理论认同和情感认同，能够在教书育人实践中自觉践行社会主义核心价值观。
- 树立职业理想，立志成为有理想信念、有道德情操、有扎实学识、有仁爱之心的好老师。

1.1.2 【立德树人】

- 理解立德树人的内涵，形成立德树人的理念，掌握立德树人途径与方法，能够在教育实践中实施素质教育，依据德智体美劳全面发展的教育方针开展教育教学，培育发展学生的核心素养。

1.1.3 【师德准则】

- 具有依法执教意识，遵守宪法、民法典、教育法、教师法、未成年人保护法等法律法规，在教育实践中能履行应尽义务，自觉维护学生与自身的合法权益。
- 理解教师职业道德规范内涵与要求，在教育实践中遵守《新时代中小学教师职业行为十项准则》，能分析解决教育教学实践中的相关道德规范问题。

1.2 涵养教育情怀

1.2.1 【职业认同】

- 具有家国情怀，乐于从教，热爱教育事业。认同教师工作的价值在于传播知识、传播思想、传播真理，塑造灵魂、塑造生命、塑造新人；了解小学教师的职业特征，理解教师是学生学习的促进者与学生成长的引路人，创造条件帮助学生自主发展。
- 领会小学教育对学生发展的价值和意义，认同促进学生全面而有个性地发展的理念。

1.2.2 【关爱学生】

- 做学生锤炼品格、学习知识、创新思维、奉献祖国的引路人，公正平等地对待每一名学生，关注学生成长，保护学生安全，促进学生身心健康发展。
- 尊重学生的人格和学习发展的权利，保护学生的学习自主性、独立性和选择性，关注个体差异，相信每名学生都有发展的潜力，乐于为学生创造发展的条件和机会。

1.2.3 【用心从教】
- 树立爱岗敬业精神，在教育实践中能够认真履行教育教学职责与班主任工作职责，积极钻研，富有爱心、责任心，工作细心、耐心。

1.2.4 【自身修养】
- 具有健全的人格和积极向上的精神，有较强的情绪调节与自控能力，能积极应变，比较合理地处理问题。
- 掌握一定的自然和人文社会科学知识，传承中华优秀传统文化，具有人文底蕴、科学精神和审美能力。
- 仪表整洁，语言规范健康，举止文明礼貌，符合教师礼仪要求和教育教学场景要求。

2　教学实践能力

2.1　掌握专业知识

2.1.1 【教育基础】
- 掌握教育理论的基本知识，能够遵循小学教育规律，结合小学生认知发展特点，运用教育原理和方法，分析和解决教育教学实践中的问题。

2.1.2 【学科素养】
- 掌握主教学科的基本知识、基本原理和基本技能，理解学科知识体系的基本思想和方法。了解兼教学科的基本知识、基本原理和基本技能，并具有一定的综合运用学科知识的能力。
- 熟悉常见的儿童科普读物和文学作品，具有一定的阅读理解能力、语言和肢体语言表达能力。

2.1.3 【信息素养】

- 了解信息时代对人才培养的新要求。掌握信息化教学设备、软件、平台及其他新技术的常用操作，了解其对教育教学的支持作用。具有安全、合法与负责任地使用信息与技术，主动适应信息化、人工智能等新技术变革积极有效开展教育教学的意识。

2.1.4 【知识整合】

- 了解学科整合在小学教育中的价值，了解学习科学相关知识，以及所教学科与其他学科、与小学生生活实践的联系。具有一定的跨学科知识，能指导综合性学科教学活动。
- 了解融合教育的意义和作用，掌握随班就读的基本知识及相关政策，基本具备指导随班就读的教育教学能力。

2.2 学会教学设计

2.2.1 【熟悉课标】

- 熟悉拟任教学科的课程标准和教材，理解教材的编写逻辑和体系结构，合理掌握不同学段目标与内容的递进关系，具有依据课标进行教学的意识和习惯。

2.2.2 【掌握技能】

- 具备钢笔字、毛笔字、粉笔字、简笔画、普通话与相关学科实验操作等教学基本功，通过微格训练学习，系统掌握导入、讲解、提问、演示、板书、结束等课堂教学基本技能操作要领与应用策略。能依据单元内容进行整体设计，科学合理地依据教学目标及内容设计作业，并实施教学。

2.2.3 【分析学情】

- 了解分析小学生学习需求的基本方法，能根据小学生已有的知识水平、学习经验和兴趣特点，分析教学内容与学生已学知识的联系，预判学生学习的疑难处。

2.2.4 【设计教案】
- 准确把握教学内容，理解本课（单元）在教材中的地位以及与其他课（单元）的关系，能根据课程标准要求和学情分析确定恰当的学习目标和学习重点，设计学习活动，选择适当的学习资源和教学方法，合理安排教学过程和环节，科学设计评价内容与方式，形成教案与学案。
- 了解小学综合课程和综合实践活动的基本知识，能根据教学要求和学生兴趣进行教学设计。

2.3 实施课程教学

2.3.1 【情境创设】
- 能够创设教学情境，建立学习内容与生活经验之间的联系，激发学习兴趣，引导学生积极参与学习活动。

2.3.2 【教学组织】
- 基本掌握教学组织与课堂管理的形式和策略，能够科学准确地呈现和表达教学内容，根据小学生课堂反应及时调整教学活动，控制教学时间和教学节奏，合理设置提问与讨论，引发小学生的主动学习和探究学习，达成学习目标。

2.3.3 【学习指导】
- 依据小学生认知特点、学习心理发展规律和个体差异，指导学生开展自主、合作、探究性学习，注重差异化教学和个别化指导，引导小学生体验学习的乐趣，保护小学生的求知欲和好奇心，培养小学生的广泛兴趣、动手能力和探究精神。
- 知道不同类型的信息技术资源在为学生提供学习机会和学习体验方面的作用，合理选择与整合信息技术资源，为学生提供丰富的学习机会和个性化学习体验。
- 能够运用课堂结束技能，引导学生对学习内容进行归纳、总结，合理布置作业。

2.3.4 【教学评价】

- 树立促进学生学习的评价理念，理解教育评价原理，掌握试题命制的方法与技术。能够在教学实践中结合作业反馈等实施过程评价，初步运用增值评价，合理选取和运用评价工具，评价学习活动和学习成果。
- 能够利用技术工具收集学生学习反馈，跟踪、分析教学与学生学习过程中存在的问题与不足，形成基于学生学习情况诊断和改进教学的意识。

3 综合育人能力

3.1 开展班级指导

3.1.1 【育德意识】

- 树立德育为先理念，了解小学德育原理与方法，掌握小学生品行养成的特点和规律，能有意识、有针对性地开展德育工作，帮助学生养成良好行为习惯。

3.1.2 【班级管理】

- 基本掌握班集体建设、班级教育活动组织的方法。熟悉教育教学、小学生成长生活等相关法律制度规定，能够合理分析解决教学与管理实践相关问题。
- 基本掌握学生发展指导、综合素质评价的方法。能够利用技术手段收集学生成长过程的关键信息，建立学生成长电子档案。能够初步运用信息技术辅助开展班级指导活动。
- 熟悉校园安全、应急管理相关规定，了解小学生日常卫生保健、传染病预防、意外伤害事故处理等相关知识，掌握面临特殊事件发生时保护学生的基本方法。

3.1.3 【心理辅导】

- 关注学生心理健康，了解小学生身体、情感发展的特性和差异性，基本掌握心理辅导方法，能够参与心理健康教育等活动。

3.1.4 【家校沟通】
- 掌握人际沟通的基本方法，能够运用信息技术拓宽师生、家校沟通交流的渠道和途径，积极主动与学生、家长、社区等进行有效交流。

3.2 实施课程育人

3.2.1 【育人理念】
- 具有教书育人意识。理解拟任教学科课程独特的育人功能，注重课程教学的思想性，有机融入社会主义核心价值观、中华优秀传统文化、革命文化和社会主义先进文化教育，培养学生适应终身发展和社会发展所需的正确价值观、必备品格和关键能力。

3.2.2 【育人实践】
- 理解学科核心素养，掌握课程育人方法和策略。能够在教育实践中，结合课程特点，挖掘课程思想政治教育资源，将知识学习、能力发展与品德养成相结合，合理设计育人目标、主题和内容，有机开展养成教育，进行综合素质评价，体现教书与育人的统一。

3.3 组织活动育人

3.3.1 【课外活动】
- 了解课外活动的组织和管理知识，掌握相关技能与方法，能组织小学生开展丰富多彩的课外活动。

3.3.2 【主题教育】
- 了解学校文化和教育活动的育人内涵和方法，学会组织主题教育、少先队、社团活动，对小学生进行教育和引导。

4　自主发展能力

4.1　注重专业成长

4.1.1　【发展规划】
- 了解教师专业发展的要求，具有终身学习与自主发展的意识。根据基础教育课程改革的动态和发展情况，制定教师职业生涯发展规划。

4.1.2　【反思改进】
- 具有反思意识和批判性思维素养，初步掌握教育教学反思的基本方法和策略，能够对教育教学实践活动进行有效的自我诊断，提出改进思路。

4.1.3　【学会研究】
- 初步掌握教育教学科研的基本方法，能用以分析、研究小学教育教学实践问题，并尝试提出解决问题的思路与方法，具有撰写教育教学研究论文的基本能力。
- 掌握专业发展所需的信息技术手段和方法，能在信息技术环境下开展自主学习。

4.2　主动交流合作

4.2.1　【沟通技能】
- 具有阅读理解能力、语言与文字表达能力、交流沟通能力、信息获取和处理能力。
- 掌握基本沟通合作技能与方法，能够在教育实践、社会实践中与同事、同行、专家等进行有效沟通交流。

4.2.2　【共同学习】
- 理解学习共同体的作用，掌握团队协作的基本策略，了解小学教育的团队协作类型和方法，具有小组互助、合作学习能力。

附录三　中学教育专业师范生教师职业能力标准（试行）

1　师德践行能力

1.1　遵守师德规范

1.1.1　【理想信念】
- 学习贯彻习近平新时代中国特色社会主义思想，深入学习习近平总书记关于教育的重要论述，以及党史、新中国史、改革开放史和社会主义发展史内容，形成对中国特色社会主义的思想认同、政治认同、理论认同和情感认同，能够在教书育人实践中自觉践行社会主义核心价值观。
- 树立职业理想，立志成为有理想信念、有道德情操、有扎实学识、有仁爱之心的好老师。

1.1.2　【立德树人】
- 理解立德树人的内涵，形成立德树人的理念，掌握立德树人途径与方法，能够在教育实践中实施素质教育，依据德智体美劳全面发展的教育方针开展教育教学，培育发展学生的核心素养。

1.1.3　【师德准则】
- 具有依法执教意识，遵守宪法、民法典、教育法、教师法、未成年人保护法等法律法规，在教育实践中能履行应尽义务，自觉维护学生与自身的合法权益。
- 理解教师职业道德规范内涵与要求，在教育实践中遵守《新时代中小学教师职业行为十项准则》，能分析解决教育教学实践中的相关道德规范问题。

1.2 涵养教育情怀

1.2.1 【职业认同】

- 具有家国情怀，乐于从教，热爱教育事业。认同教师工作的价值在于传播知识、传播思想、传播真理，塑造灵魂、塑造生命、塑造新人；了解中学教师的职业特征，理解教师是学生学习的促进者与学生成长的引路人，创造条件帮助学生自主发展。
- 领会中学教育对学生发展的价值和意义，认同促进学生全面而有个性地发展的理念。

1.2.2 【关爱学生】

- 做学生锤炼品格、学习知识、创新思维、奉献祖国的引路人，公正平等地对待每一名学生，关注学生成长，保护学生安全，促进学生身心健康发展。
- 尊重学生的人格和学习发展的权利，保护学生的学习自主性、独立性和选择性，关注个体差异，相信每名学生都有发展的潜力，乐于为学生创造发展的条件和机会。

1.2.3 【用心从教】

- 树立爱岗敬业精神，在教育实践中能够认真履行教育教学职责与班主任工作职责，积极钻研，富有爱心、责任心，工作细心、耐心。

1.2.4 【自身修养】

- 具有健全的人格和积极向上的精神，有较强的情绪调节与自控能力，能积极应变，比较合理地处理问题。
- 掌握一定的自然和人文社会科学知识，传承中华优秀传统文化，具有人文底蕴、科学精神和审美能力。
- 仪表整洁，语言规范健康，举止文明礼貌，符合教师礼仪要求和教育教学场景要求。

2 教学实践能力

2.1 掌握专业知识

2.1.1 【教育基础】
- 掌握教育理论的基本知识，能够遵循中学教育规律，结合中学生认知发展特点，运用教育原理和方法，分析和解决教育教学实践中的问题。

2.1.2 【学科素养】
- 了解拟任教学科发展的历史、现状和趋势，掌握学科的基础知识、基本理论、体系结构与思想方法，能分析其对学生素养发展的重要价值，理解拟任教学科的核心素养的内涵。

2.1.3 【信息素养】
- 了解信息时代对人才培养的新要求。掌握信息化教学设备、软件、平台及其他新技术的常用操作，了解其对教育教学的支持作用。具有安全、合法与负责任地使用信息与技术，主动适应信息化、人工智能等新技术变革积极有效开展教育教学的意识。

2.1.4 【知识整合】
- 了解拟任教学科与其他学科的联系，了解学习科学相关知识，掌握学科教学知识与策略，能够结合社会生活实践，有效开展学科教学活动。
- 了解融合教育的意义和作用，掌握随班就读的基本知识及相关政策，基本具备指导随班就读的教育教学能力。

2.2 学会教学设计

2.2.1 【熟悉课标】
- 熟悉拟任教学科的课程标准和教材，理解教材的编写逻辑和体系结构，能够正确处理课标与教材的关系，具有依据课标进行教学的意识和习惯。

2.2.2 【掌握技能】

- 具备钢笔字、毛笔字、粉笔字、普通话与相关学科实验操作等教学基本功，通过微格训练学习，系统掌握导入、讲解、提问、演示、板书、结束等课堂教学基本技能操作要领与应用策略。能依据单元内容进行整体设计，科学合理地依据教学目标及内容设计作业，并实施教学。

2.2.3 【分析学情】

- 了解分析中学生学习需求的基本方法，能根据学生已有的知识水平、学习经验和兴趣特点，分析教学内容与学生已有知识经验的联系，预判学生学习的疑难点。

2.2.4 【设计教案】

- 准确把握教学内容，理解本课（单元）在教材中的地位以及与其他课（单元）的关系，能根据课程标准要求和学情分析确定恰当的学习目标和学习重点，设计学习活动，选择适当的学习资源和教学方法，合理安排教学过程和环节，科学设计评价内容与方式，形成教案与学案。

2.3 实施课程教学

2.3.1 【情境创设】

- 能够创设教学情境，建立学习内容与生活经验之间的联系，激发学习兴趣，引导学生积极参与学习活动。

2.3.2 【教学组织】

- 基本掌握教学组织与课堂管理的形式和策略，能够科学准确地呈现和表达教学内容，控制教学时间和教学节奏，合理设置提问与讨论，引导学生的主动学习和探究学习，达成学习目标。

2.3.3 【学习指导】

- 能够依据学科特点、中学生认知特征和个体差异，指导学生开展自主、合作、探究性学习，注重差异化教学和个别化指导，帮助学生针对学习重点与难点进行有效学习。

- 知道不同类型的信息技术资源在为学生提供学习机会和学习体验方面的作用，合理选择与整合信息技术资源，为学生提供丰富的学习机会和个性化学习体验。
- 能够运用课堂结束技能，引导学生对学习内容进行归纳、总结，合理布置作业。

2.3.4 【教学评价】
- 树立促进学生学习的评价理念，理解教育评价原理，掌握试题命制的方法与技术。能够在教学实践中结合作业反馈等实施过程评价，初步运用增值评价，合理选取和运用评价工具，评价学习活动和学习成果。
- 能够利用技术工具收集学生学习反馈，跟踪、分析教学与学生学习过程中存在的问题与不足，形成基于学生学习情况诊断和改进教学的意识。

3　综合育人能力

3.1　开展班级指导

3.1.1 【育德意识】
- 树立德育为先理念，了解中学德育原理与方法，以及中学生思想品德发展的规律和个性特征，能有意识、有针对性地开展德育工作。

3.1.2 【班级管理】
- 基本掌握班集体建设、班级教育活动组织的方法。熟悉教育教学、中学生成长生活等相关法律制度规定，能够合理分析解决教学与管理实践相关问题。
- 基本掌握学生发展指导、综合素质评价的方法。能够利用技术手段收集学生成长过程的关键信息，建立学生成长电子档案。能够初步运用信息技术辅助开展班级指导活动。
- 熟悉校园安全、应急管理相关规定，了解中学生日常卫生保健、传染病预防、意外伤害事故处理等相关知识，掌握面临特殊事件发生时保护学生的基本方法。

3.1.3 【心理辅导】

- 关注学生心理健康，了解中学生身体、情感发展的特性和差异性，基本掌握心理辅导方法，能够参与心理健康教育等活动。

3.1.4 【家校沟通】

- 掌握人际沟通的基本方法，能够运用信息技术拓宽师生、家校沟通交流的渠道和途径，积极主动与学生、家长、社区等进行有效交流。

3.2 实施课程育人

3.2.1 【育人理念】

- 具有教书育人意识。理解拟任教学科课程独特的育人功能，注重课程教学的思想性，有机融入社会主义核心价值观、中华优秀传统文化、革命文化和社会主义先进文化教育，培养学生适应终身发展和社会发展所需的正确价值观、必备品格和关键能力。

3.2.2 【育人实践】

- 理解学科核心素养，掌握课程育人方法和策略。能够在教育实践中，结合课程特点，挖掘课程思想政治教育资源，将知识学习、能力发展与品德养成相结合，合理设计育人目标、主题和内容，有机开展养成教育，进行综合素质评价，体现教书与育人的统一。

3.3 组织活动育人

3.3.1 【课外活动】

- 了解课外活动的组织和管理知识，掌握相关技能与方法，能组织中学生开展丰富多彩的课外活动。

3.3.2 【主题教育】

- 了解学校文化和教育活动的育人内涵和方法，学会组织主题教育和社团活动，对中学生进行教育和引导。

4 自主发展能力

4.1 注重专业成长

4.1.1 【发展规划】
- 了解教师专业发展的要求，具有终身学习与自主发展的意识。根据基础教育课程改革的动态和发展情况，制定教师职业生涯发展规划。

4.1.2 【反思改进】
- 具有反思意识和批判性思维素养，初步掌握教育教学反思的基本方法和策略，能够对教育教学实践活动进行有效的自我诊断，提出改进思路。

4.1.3 【学会研究】
- 初步掌握学科研究与教育科学研究的基本方法，能用以分析、研究教育教学实践问题，并尝试提出解决问题的思路与方法，具有撰写教育教学研究论文的基本能力。
- 掌握专业发展所需的信息技术手段和方法，能在信息技术环境下开展自主学习。

4.2 主动交流合作

4.2.1 【沟通技能】
- 具有阅读理解能力、语言与文字表达能力、交流沟通能力、信息获取和处理能力。
- 掌握基本沟通合作技能与方法，能够在教育实践、社会实践中与同事、同行、专家等进行有效沟通交流。

4.2.2 【共同学习】
- 理解学习共同体的作用，掌握团队协作的基本策略，了解中学教育的团队协作类型和方法，具有小组互助、合作学习能力。

附录四　中等职业教育专业师范生教师职业能力标准（试行）

1　师德践行能力

1.1　遵守师德规范

1.1.1　【理想信念】

- 学习贯彻习近平新时代中国特色社会主义思想，深入学习习近平总书记关于教育的重要论述，以及党史、新中国史、改革开放史和社会主义发展史内容，形成对中国特色社会主义的思想认同、政治认同、理论认同和情感认同，能够在教书育人实践中自觉践行社会主义核心价值观。
- 树立职业理想，立志成为有理想信念、有道德情操、有扎实学识、有仁爱之心的好老师。

1.1.2　【立德树人】

- 理解立德树人的内涵，形成立德树人的理念，掌握立德树人途径与方法，能够在教育实践中按照中等职业教育人才培养要求，依据德智体美劳全面发展的教育方针开展教育教学，积累培育高素质劳动者和技术技能人才的经验。

1.1.3　【师德准则】

- 具有依法执教意识，遵守宪法、民法典、教育法、教师法、未成年人保护法等法律法规，在教育实践中能履行应尽义务，自觉维护学生与自身的合法权益。
- 理解中等职业学校教师职业道德规范内涵与要求，在教育实践中遵守《新时代中小学教师职业行为十项准则》，能分析解决教育教学实践中的相关道德规范问题。

1.2 涵养教育情怀

1.2.1 【职业认同】

- 具有家国情怀，乐于从教，热爱教育事业。认同教师工作的价值在于传播知识、传播思想、传播真理、塑造灵魂、塑造生命、塑造新人；了解中等职业学校教师的职业特征，理解教师是学生学习的促进者与学生成长的引路人，创造条件帮助学生自主发展。
- 领会职业教育对学生职业生涯发展的价值和意义，认同促进学生德技双修而有个性地发展的理念。

1.2.2 【关爱学生】

- 做学生锤炼品格、学习知识、创新思维、奉献祖国的引路人，公正平等地对待每一名学生，关注学生成长，保护学生安全，促进学生身心健康发展。
- 尊重学生的人格和学习发展的权利，将知识学习、技能训练与品德养成相结合，引导学生自主学习、自强自立，养成良好的学习习惯和职业习惯。树立人人成才的观念，关注学生的个体差异，营造良好的学习环境与氛围，乐于为学生就业创业创造条件和机会。

1.2.3 【用心从教】

- 树立爱岗敬业精神，在教育实践中能够认真履行教育教学职责与班主任工作职责，树立"工学结合，知行合一""做中学、做中教"的理念，钻研技术、研究教育，富有爱心、责任心，工作细心、耐心。

1.2.4 【自身修养】

- 具有健全的人格和积极向上的精神，有较强的情绪调节与自控能力，能积极应变，比较合理地处理问题。
- 掌握一定的自然和人文社会科学知识，传承中华优秀传统文化，具有人文底蕴、科学精神、职业素养和审美能力。
- 仪表整洁，语言规范健康，举止文明礼貌，符合教师礼仪要求、教育教学场景和职场规范要求。

1.3 弘扬工匠精神

- 弘扬劳动光荣、技能宝贵、创造伟大的时代风尚，树立质量意识、服务意识、竞争意识、责任意识，在专业实践和教育实践中，秉承爱岗敬业、诚实守信、精益求精、追求卓越等职业精神。

2 专业教学能力

2.1 掌握专业知识

2.1.1 【教育基础】
- 掌握职业教育理论的基本知识，能够遵循职业教育规律，结合中等职业学校学生认知发展特点，运用职业教育原理和方法，分析和解决教育教学实践中的问题。

2.1.2 【专业素养】
- 系统掌握本专业必需的基本理论和基本知识，掌握本专业的基本技能和常用的专业教学方法。了解本专业相关的职业标准，了解行业发展趋势、技术前沿，掌握职业教育课程开发的基本方法；了解本专业相关的职业背景知识，具有从事本专业实际工作和研究工作的初步能力。

2.1.3 【信息素养】
- 了解信息时代对人才培养的新要求。掌握信息化教学设备、软件、平台及其他新技术的常用操作，了解其对教育教学的支持作用。具有安全、合法与负责任地使用信息与技术，主动适应信息化、人工智能等新技术变革积极有效开展教育教学的意识。

2.1.4 【知识整合】
- 认识职业教育产教融合、校企合作的特点，具有跨学科、跨领域整合知识的意识，了解学习科学相关知识，能够整合理论性知识和实践性知识、专业知识与教育知识，掌握理实一体化课程、专业教学知识与策略，指导专业教学与实践活动。
- 了解融合教育的意义和作用，掌握随班就读的基本知识及相关政策，基本具备指导随班就读的教育教学能力。

2.2 开展专业实践

2.2.1 【操作能力】
- 掌握技术技能形成规律，具备熟练的专业操作技能，有企业实践、技能大赛等经历，或参与学生职业技能考核评价初步体验。

2.2.2 【获取证书】
- 关注国家资历框架发展要求，熟悉"学历证书+职业技能等级证书"制度，考取专业相关的职业资格证书或职业技能等级证书等。

2.3 学会教学设计

2.3.1 【熟悉标准】
- 熟悉职业教育国家教学标准，掌握拟任教中等职业学校专业教学标准、人才培养方案和教材，理解所教专业课程教学内容的逻辑和体系结构，具有依据标准进行教学的意识和习惯。

2.3.2 【掌握技能】
- 具备钢笔字、毛笔字、粉笔字与普通话等教学基本功，通过微格训练和实训基地训练，系统掌握导入、讲解、提问、演示、操作、板书、结束等课堂教学和实践教学基本技能操作要领与应用策略。初步掌握职业教育模块化教学技能。

2.3.3 【分析学情】
- 了解分析中等职业学校学生学习需求的基本方法，能根据学生已有的知识和技能水平、学习特点和经验，分析教学内容与学生已有知识和技能的联系，预判学生学习的疑难点。

2.3.4 【设计教案】

- 准确把握教学内容，理解本课（模块）在教材中的地位以及与其他课（模块）的关系，能够根据课程标准要求和学情分析确定恰当的学习目标和学习重点，合理设计理实一体的学习活动，选择适当的学习资源和专业教学方法，合理安排教学过程和实践环节，能够会同企业制订实习教学方案，科学设计评价内容与方式，形成教案与学案。

2.4 实施课程教学

2.4.1 【情境创设】

- 能够基于职业岗位工作创设安全、真实或仿真的职业情境与和谐的学习情境，基于职业岗位工作过程设计教学过程，培养学习兴趣，激发学习动力，引导学生积极参与学习和技能训练活动。

2.4.2 【教学组织】

- 基本掌握中等职业学校教学组织与课堂管理的形式和策略，尝试使用新型活页式、工作手册式、融媒体教材，结合专业特点，以学生为主体，采取项目教学、案例教学、情境教学、模块化教学等教学方式，科学准确地呈现和表达教学内容，控制教学时间和教学节奏，合理设置提问与讨论，引导学生主动学习、参与技术技能训练，达成学习目标。

2.4.3 【学习指导】

- 能够依据专业特点、技术技能形成规律、学生认知特征和个体差异，指导学生开展自主、合作、探究性学习，注重差异化教学和个别化指导，促进学生初步掌握技术技能。

- 知道不同类型的信息技术资源在为学生提供学习机会和学习体验方面的作用，合理选择与整合信息技术资源，为学生提供丰富的学习机会和个性化学习体验。

- 掌握课堂教学或实训教学总结的方法，能够引导学生对学习或技能训练内容进行归纳、总结，合理布置作业或训练项目。

2.4.4 【教学评价】

- 树立促进学生学习的评价理念，理解教育评价原理，掌握职业教育教学评价的方法与策略，能够在教学实践中实施过程评价，初步运用增值评价，合理选取和运用评价工具，运用表现性评价等方法，评价学习活动、学习成果和技能水平。
- 能够利用信息技术工具收集学生学习和企业实践反馈，跟踪、分析教学与学生学习过程、技能形成过程中存在的问题与不足，形成基于学生学习情况诊断和改进教学的意识。

3 综合育人能力

3.1 开展班级指导

3.1.1 【育德意识】

- 树立德育为先理念，了解中等职业学校德育原理与方法，以及学生思想道德发展的规律和个性特征，能有意识、有针对性地开展德育工作。

3.1.2 【班级管理】

- 基本掌握班集体建设、班级教育活动组织的方法。熟悉教育教学、中等职业学校学生成长生活等相关法律制度规定，能够合理分析解决教学与管理实践相关问题。
- 基本掌握学生发展指导、综合职业素质评价的方法，能够利用信息技术手段收集学生成长过程的关键信息，建立学生成长电子档案。能够初步运用信息技术辅助开展班级指导活动。
- 熟悉校园安全、应急管理相关规定，了解学生日常卫生保健、传染病预防、实习安全管理和意外伤害事故处理的相关知识，掌握面临特殊事件发生时保护学生的基本方法。

3.1.3 【心理辅导】

- 关注学生心理健康，了解中等职业学校学生身体、情感发展的特性和差异性，基本掌握心理辅导方法，能够参与心理健康教育等活动。

3.1.4 【家校沟通】

- 掌握人际沟通的基本方法，能够运用信息技术拓宽师生、家校、校企沟通交流的渠道和途径，积极主动与学生、家长、企业、社区等进行有效交流。

3.1.5 【职业指导】

- 了解国家就业形势和政策，掌握职业指导、创新创业的基本知识、途径和方法，有参与学业辅导、生涯规划、创新创业活动的初步体验。

3.2 实施专业育人

3.2.1 【育人理念】

- 具有教书育人意识。理解拟任教专业课程独特的育人功能，注重课程教学的思想性，有机融入社会主义核心价值观、中华优秀传统文化、革命文化和社会主义先进文化教育，培养学生适应终身发展和社会发展所需的正确价值观、必备品格和关键能力。

3.2.2 【育人实践】

- 理解职业核心素养，掌握课程育人方法和策略。能够在教育实践中，结合课程特点，挖掘课程思想政治教育资源，将知识学习、能力发展与职业道德养成相结合，合理设计育人目标、主题和内容，弘扬劳模精神、劳动精神、工匠精神，有机开展养成教育，进行综合素质评价，体现教书与育人的统一。

3.3 组织活动育人

3.3.1 【课外活动】

- 了解课外活动的组织和管理知识，掌握相关技能与方法，结合职业教育特色，组织学生开展丰富多彩的课外活动。

3.3.2 【主题教育】
- 了解中等职业学校文化和教育活动的育人内涵和方法，学会组织主题教育和社团活动，对学生进行教育和引导。

4 自主发展能力

4.1 注重专业成长

4.1.1 【发展规划】
- 了解中等职业学校教师专业发展的要求，具有终身学习与自主发展和定期到企业实践的意识。根据中等职业教育课程改革的动态和发展情况，制定教师职业生涯发展规划。

4.1.2 【反思改进】
- 具有反思意识和批判性思维素养，初步掌握职业教育教学反思的基本方法和策略，能够结合行业企业需求，对教育教学实践活动进行有效的自我诊断，提出改进思路。

4.1.3 【学会研究】
- 初步掌握职业教育教学科研的基本方法，能用以分析、研究教育教学实践问题，并尝试提出解决问题的思路与方法，具有撰写教育教学研究论文的基本能力。
- 掌握专业发展所需的信息技术手段和方法，能在信息技术环境下开展自主学习。

4.2 主动交流合作

4.2.1 【沟通技能】
- 具有阅读理解能力、语言与文字表达能力、交流沟通能力、信息获取和处理能力。
- 掌握基本沟通合作技能与方法，能够在教育实践、企业实践、社会实践中与同事、同行、行业企业人员、专家等进行有效沟通交流。

4.2.2 【共同学习】
- 理解学习共同体的作用，掌握团队协作的基本策略，了解中等职业学校教育的团队协作类型和方法，熟悉行动导向教学法的小组学习，具有小组互助、合作学习能力。

附录五　特殊教育专业师范生教师职业能力标准（试行）

1　师德践行能力

1.1　遵守师德规范

1.1.1 【理想信念】
- 学习贯彻习近平新时代中国特色社会主义思想，深入学习习近平总书记关于教育的重要论述，以及党史、新中国史、改革开放史和社会主义发展史内容，形成对中国特色社会主义的思想认同、政治认同、理论认同和情感认同，能够在教书育人实践中自觉践行社会主义核心价值观。
- 树立职业理想，立志成为有理想信念、有道德情操、有扎实学识、有仁爱之心的好老师。

1.1.2 【立德树人】
- 理解立德树人的内涵，形成立德树人的理念，掌握立德树人途径与方法，能够在教育实践中实施素质教育，依据德智体美劳全面发展的教育方针开展教育教学，积极创造条件培育发展学生的核心素养。

1.1.3 【师德准则】

- 具有依法执教意识，遵守宪法、民法典、教育法、教师法、未成年人保护法等法律法规，在教育实践中能履行应尽义务，自觉维护学生与自身的合法权益。
- 理解教师职业道德规范内涵与要求，在教育实践中遵守《新时代中小学教师职业行为十项准则》《新时代幼儿园教师职业行为十项准则》，能分析解决特殊教育教学实践中的相关道德规范问题。

1.2 涵养教育情怀

1.2.1 【职业认同】

- 具有家国情怀，乐于从教，热爱教育事业。认同教师工作的价值在于传播知识、传播思想、传播真理、塑造灵魂、塑造生命、塑造新人；了解特殊教育教师的职业特征，理解教师是学生学习的促进者，是学生健康成长、适应社会、融入社会的引路人，创造条件帮助学生自主发展。
- 领会特殊教育对学生发展的价值和意义，认同特殊教育教师工作的意义和专业性、独特性、复杂性，具有人道主义精神、正确的价值观和残疾人观、特殊儿童发展观和教育观，认同促进学生全面而有个性地发展的理念。

1.2.2 【关爱学生】

- 做学生锤炼品格、学习知识、创新思维、奉献祖国的引路人，公正、平等、积极地对待每一名学生，关注学生成长，保护学生安全，促进学生身心健康发展。
- 尊重学生的人格和学习发展的权利，保护学生的学习自主性、独立性和选择性，关注个体差异，相信每名学生都有发展的潜力，为学生发展提供合适的教育，最大限度地开发潜能，补偿缺陷。

1.2.3 【用心从教】

- 树立爱岗敬业精神，在教育实践中能够认真履行教育教学职责与班主任工作职责，积极钻研，富有爱心、责任心、恒心，工作细心、耐心。

1.2.4 【自身修养】

- 具有健全的人格和积极向上的精神，有较强的情绪调节与自控能力，能积极应变，比较合理地处理问题。
- 掌握一定的自然和人文社会科学知识，传承中华优秀传统文化，具有人文底蕴、科学精神和审美能力。
- 仪表整洁，语言规范健康，举止文明礼貌，符合教师礼仪要求和教育教学场景要求。

2 教学实践能力

2.1 掌握专业知识

2.1.1 【教育基础】

- 掌握特殊教育理论的基本知识，能够遵循特殊教育规律，针对学生身心发展的特殊性与普遍规律性，运用特殊教育基本原理和方法，分析和解决特殊教育教学实践中的问题。

2.1.2 【学科素养】

- 掌握拟任教学科知识体系，了解不同类型特殊教育的基础知识、基本理论体系与思想方法，了解与所教学科或所服务类型相关的特殊教育康复训练和行为干预等基本知识与方法，并能在教育实践中正确加以运用。掌握特殊教育校本课程开发的基本方法。

2.1.3 【信息素养】

- 了解信息时代对人才培养的新要求。掌握信息化教学设备、软件、平台及其他新技术的常用操作，了解其对特殊儿童学习和特殊教育教学的支持作用。具有安全、合法与负责任地使用信息与技术，主动适应信息化、人工智能等新技术变革积极有效开展教育教学的意识。

2.1.4 【知识整合】
- 了解学习科学相关知识，了解特殊教育的跨学科性质和相关服务领域，以及拟任教学科与其他学科和社会生活的联系，并能初步加以整合。掌握随班就读和融合教育必备的知识技能及相关政策。

2.2 学会教学设计

2.2.1 【熟悉课标】
- 熟悉拟任教学科的课程标准和教材，理解教材的编写逻辑和体系结构，能够正确处理课标与教材的关系，具有依据课标进行教学的意识和习惯。

2.2.2 【掌握技能】
- 具备钢笔字、毛笔字、粉笔字与普通话、国家通用盲文、国家通用手语等教学基本功，通过微格训练学习，系统掌握导入、讲解、提问、演示、板书、结束等课堂教学基本技能操作要领与应用策略。能够依据单元内容或主题进行整体设计，并实施教学。

2.2.3 【分析学情】
- 能够初步运用合适的工具与方法，评估学生身心发展水平与特殊教育需要，能根据学生已有的知识水平、学习经验和兴趣特点，分析教学内容与学生已有知识经验的联系，预判学生学习的疑难点。

2.2.4 【设计教案】
- 准确把握教学内容，针对学生身心发展特点和个体差异，制定个别化教育计划和个别化教育活动方案，能根据课程标准要求和学生认知特征确定恰当的学习目标和学习重点，设计学习活动，选择适当的学习资源和教学方法，合理安排教学过程和环节，科学设计评价内容与方式，形成教案与学案。

2.3 实施课程教学

2.3.1 【情境创设】

- 能够创设安全、平等、适宜、融合的教学情境，建立学习内容与生活经验之间的联系，激发学习兴趣，将学生引入学习活动。

2.3.2 【教学组织】

- 基本掌握教学组织与课堂管理的形式和策略，能够选择合适的教学策略进行集体、小组和个别化教学，科学准确地呈现和表达教学内容，控制教学时间和教学节奏，合理设置提问与讨论，引导学生主动有效参与学习活动，达成学习目标。

2.3.3 【学习指导】

- 能够依据学科特点、特殊学生认知特征和个体差异，指导学生开展自主、合作、探究性学习，注重差异化教学和个别化指导，帮助学生针对学习重点与难点进行有效学习。
- 知道不同类型的信息技术资源在为学生提供学习机会和学习体验方面的作用，合理选择与整合信息技术资源，为学生提供丰富的学习机会和个性化学习体验。
- 能够运用课堂结束技能，引导学生对学习内容进行归纳、总结，合理布置作业。

2.3.4 【教学评价】

- 树立促进学生学习的评价理念，理解教育评价原理，掌握特殊学生学习评价方法与技术，将评价作为激励手段，在教学实践中实施过程评价，初步运用增值评价，合理选取和运用评价工具，评价学习活动和学习成果。
- 能够利用技术工具收集学生学习反馈，跟踪、分析教学与学生学习过程中存在的问题与不足，形成基于学生学习情况诊断和改进教学的意识。

3 综合育人能力

3.1 开展班级指导

3.1.1 【育德意识】
- 树立德育为先理念，了解德育原理与方法，以及学生思想品德发展的规律和个性特征，能有意识、有针对性地开展德育工作。

3.1.2 【班级管理】
- 基本掌握班集体建设、班级教育活动组织的方法。熟悉教育教学、特殊学生成长生活等相关法律制度规定，能够合理分析解决教学与管理实践相关问题。
- 基本掌握学生发展指导、综合素质评价的方法，能够利用技术手段收集学生成长过程的关键信息，建立学生成长电子档案。能够初步运用信息技术辅助开展班级指导活动。
- 熟悉校园安全、应急管理相关规定，了解学生日常卫生保健、传染病预防和意外伤害事故处理的相关知识，掌握面临特殊事件发生时保护学生的基本方法。

3.1.3 【心理辅导】
- 关注学生心理健康，了解特殊学生身体、情感发展的特性和差异性，基本掌握积极行为支持和心理辅导方法，能够处理学生常见情绪行为问题，参与心理健康教育等活动。

3.1.4 【家校共育】
- 尊重、理解特殊儿童家长，树立家校共育意识，能够运用所学知识指导和支持家长开展家庭教育和干预训练。
- 掌握人际沟通的基本方法，能够运用信息技术拓宽师生、家校沟通交流的渠道和途径，积极主动与学生、家长、社区等进行有效交流。

3.2 实施课程育人

3.2.1 【育人理念】
- 具有教书育人意识。理解拟任教学科课程对特殊儿童发展的独特价值，有机融入社会主义核心价值观、中华优秀传统文化、革命文化、社会主义先进文化教育，培养学生自我适应、社会适应和职业适应所需的正确价值观、必备品格和关键能力。

3.2.2 【育人实践】
- 理解学科核心素养，掌握课程育人的方法和策略，能在教育实践及康复训练中，结合课程特点，挖掘思想政治教育资源，将知识学习、能力发展与品德养成相结合，合理设计育人目标、主题和内容，有机开展养成教育，进行综合素质评价，体现教书与育人的统一。

3.3 组织活动育人

3.3.1 【课外活动】
- 了解课外活动的组织和管理知识，掌握相关技能与方法，能组织学生开展丰富多彩的课外活动。

3.3.2 【主题教育】
- 了解学校文化和教育活动的育人内涵和方法，学会组织主题教育和社团活动，对学生进行教育和引导。

3.4 推进融合教育

3.4.1 【融合教育知识】
- 了解随班就读和融合教育的基本知识，了解国家关于推进随班就读与融合教育的政策，了解资源中心、资源教室的功能和资源教师、巡回指导教师的职责，树立融合教育理念，能够面向普通教师、学生和家长进行宣传引导。

3.4.2 【学习支持】

- 了解特殊学生安置的基础知识和基本流程，能够根据需要进行课程与教学调整，对特殊学生进行积极行为支持、制订个别化学习方案，实施特殊课程教学和学习评估。

4 自主发展能力

4.1 注重专业成长

4.1.1 【发展规划】

- 了解教师专业发展的要求，具有终身学习与自主发展的意识。根据特殊教育课程改革的动态和发展情况，制定教师职业生涯发展规划。

4.1.2 【反思改进】

- 具有反思意识和批判性思维素养，初步掌握教育教学反思的基本方法和策略，能够对教育教学实践活动进行有效的自我诊断，提出改进思路。

4.1.3 【学会研究】

- 初步掌握教育教学科研的基本方法，能用以分析、研究特殊教育教学实践问题，并尝试提出解决问题的思路与方法，具有撰写教育教学研究论文的基本能力。
- 掌握专业发展所需的信息技术手段和方法，能在信息技术环境下开展自主学习。

4.2 主动沟通合作

4.2.1 【沟通技能】

- 具有阅读理解能力、语言与文字表达能力、交流沟通能力、信息获取和处理能力，掌握国家通用盲文、国家通用手语和常用的辅助沟通技术。
- 掌握基本沟通合作技能与方法，能够在教育实践、社会实践中与同事、同行、专家等进行有效沟通交流。

4.2.2 【共同学习】

- 理解特殊教育跨学科性质和学习共同体的作用，掌握团队协作的基本策略，了解特殊教育的团队协作类型和方法，具有小组互助、合作学习能力。